Libro da colorare di Pasqua

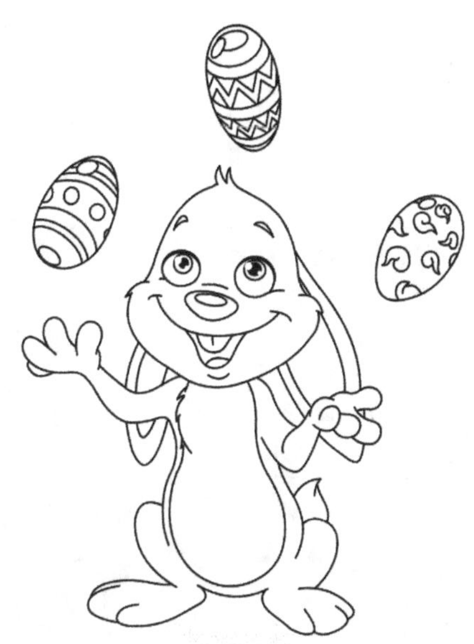

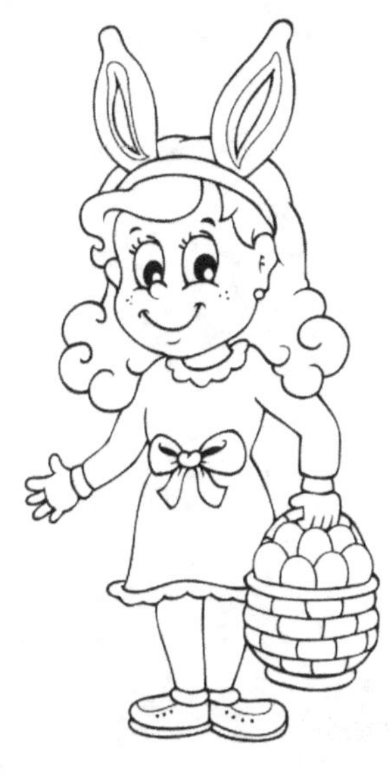

Test del colore

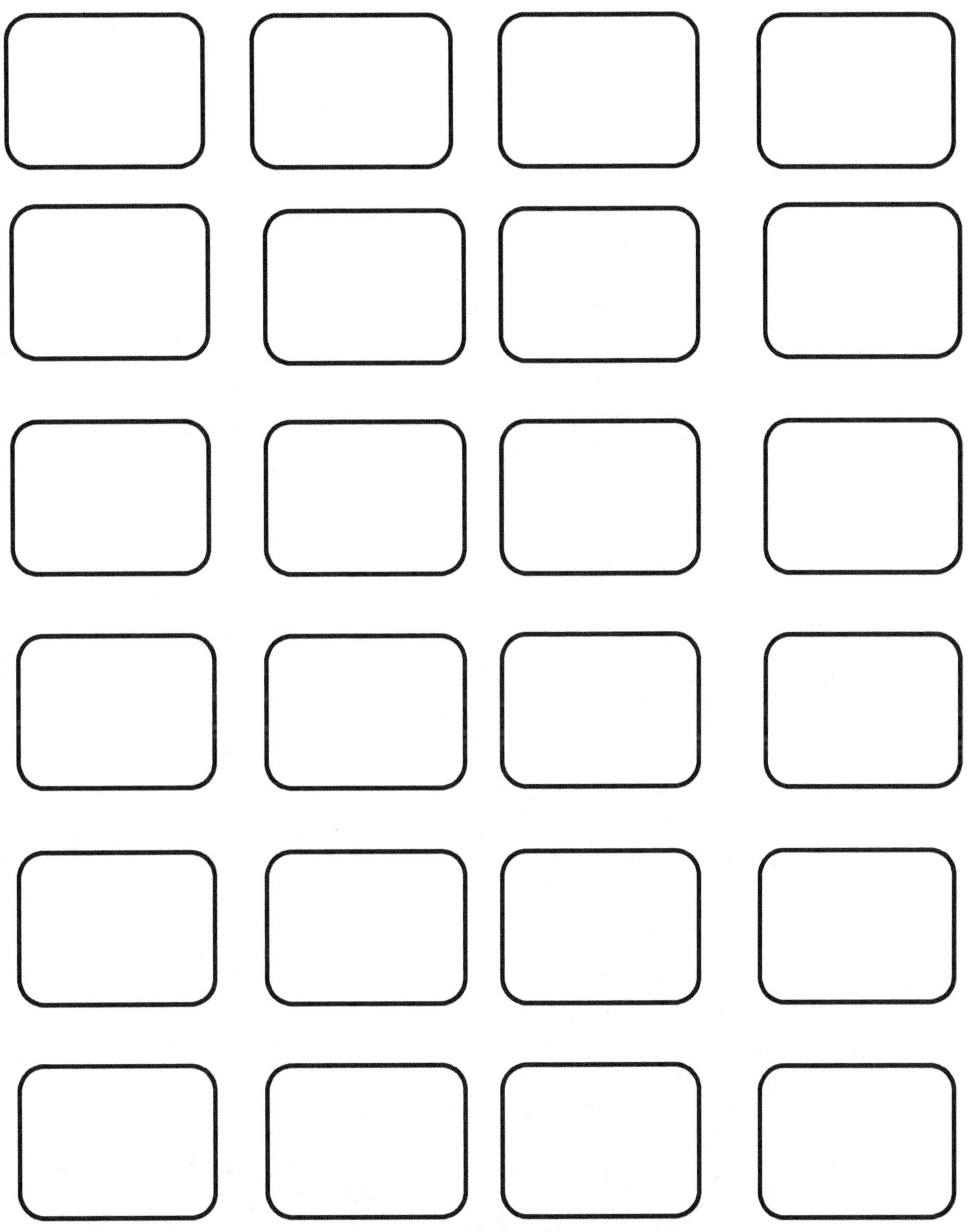

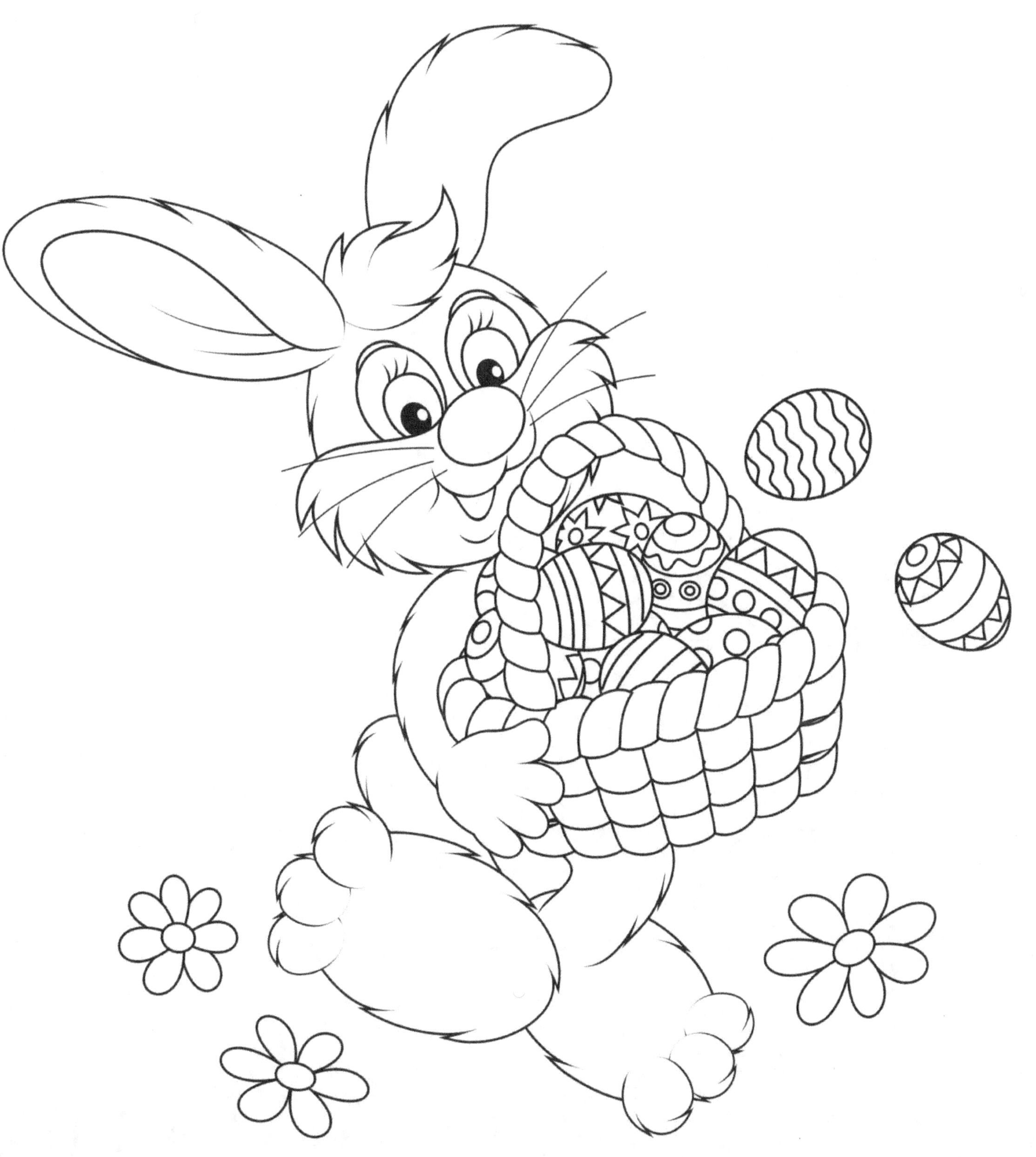

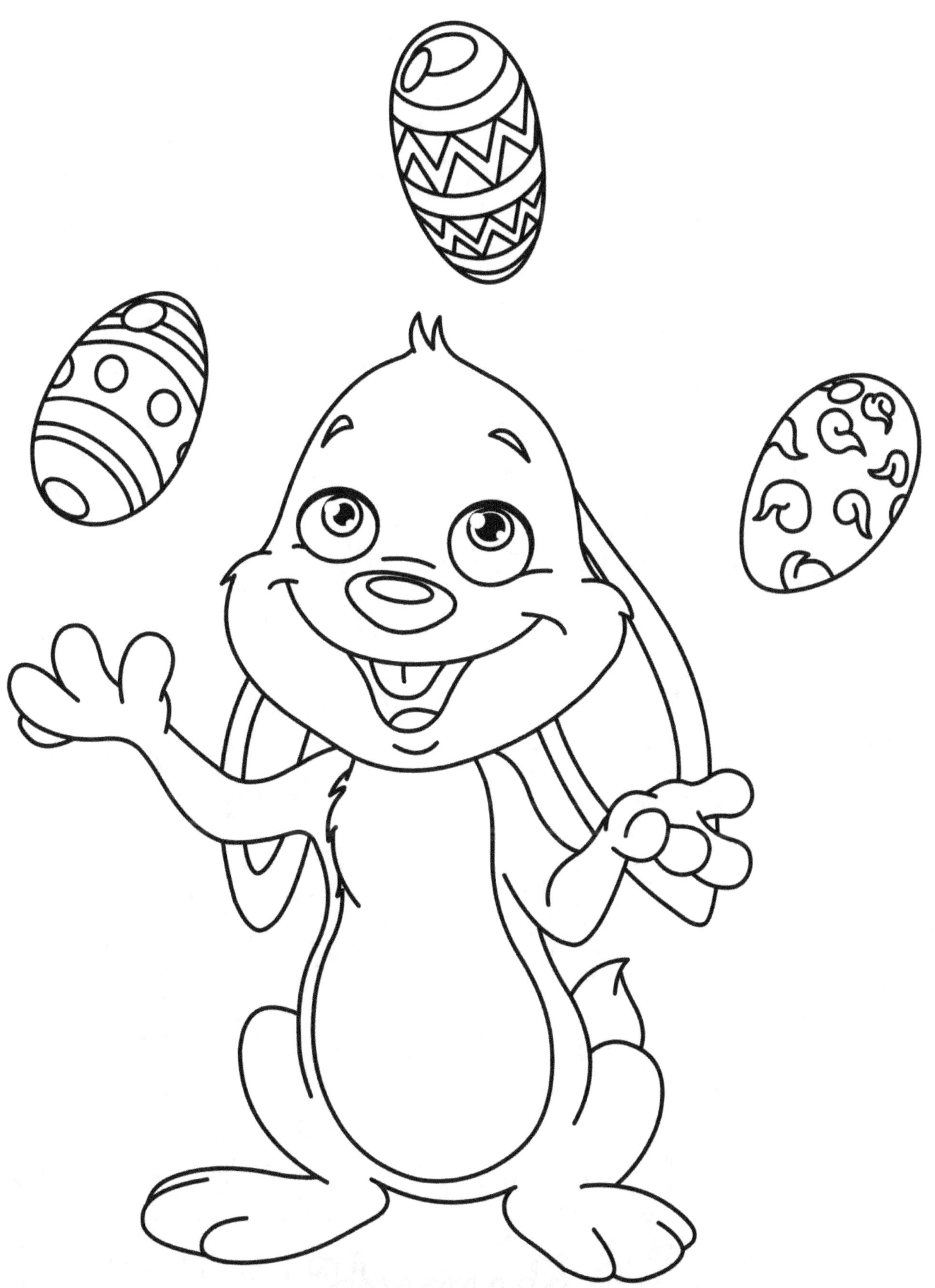

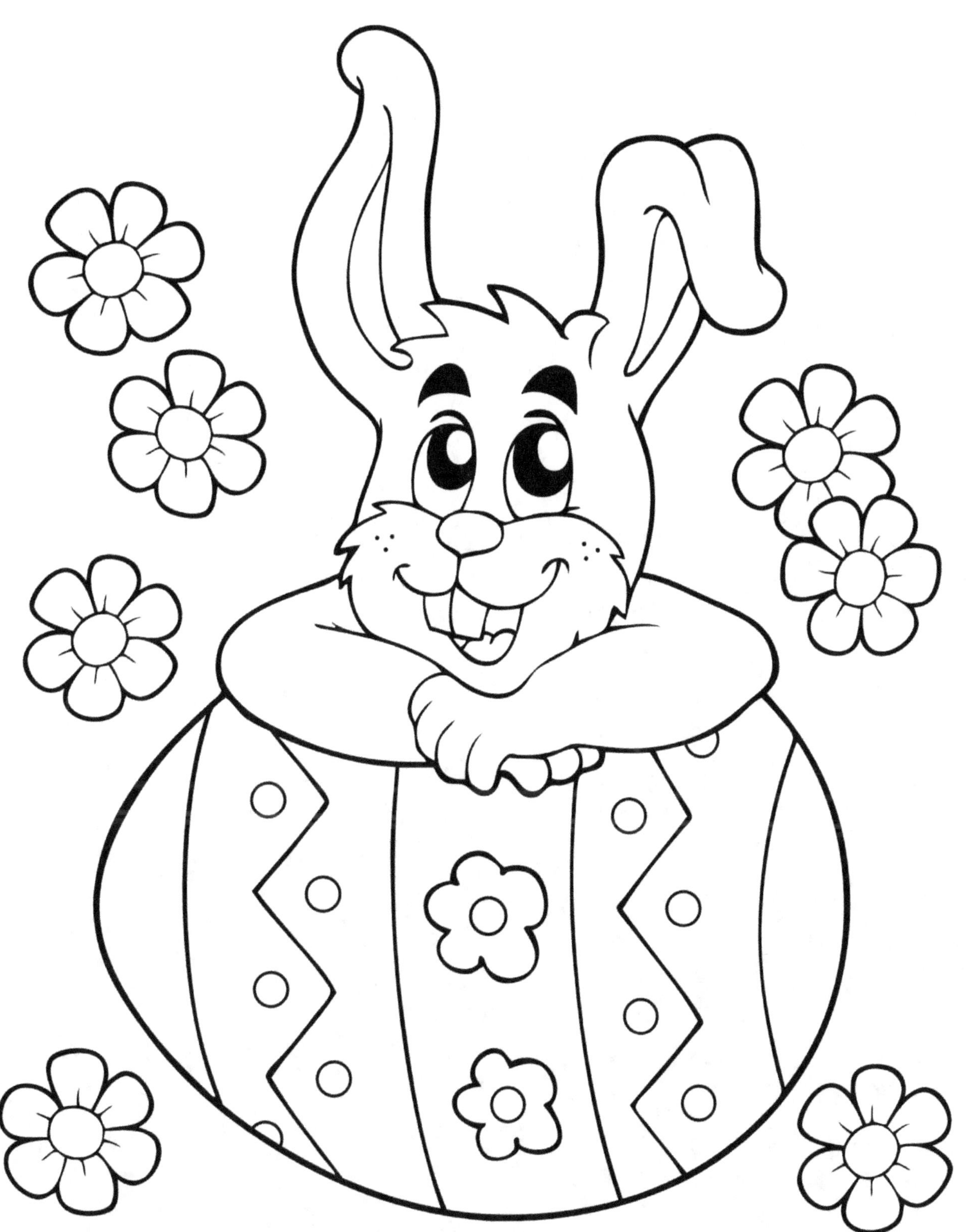

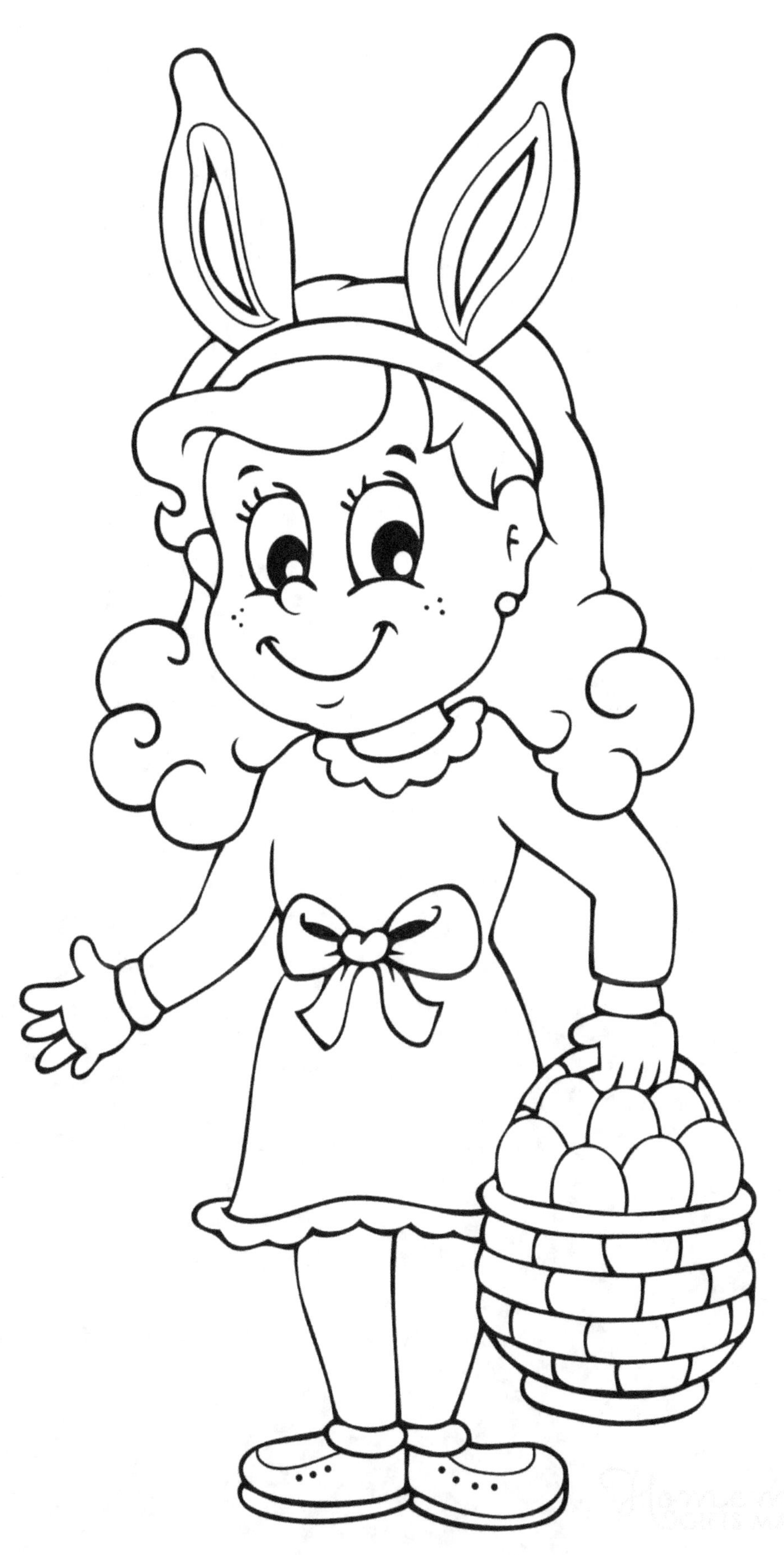

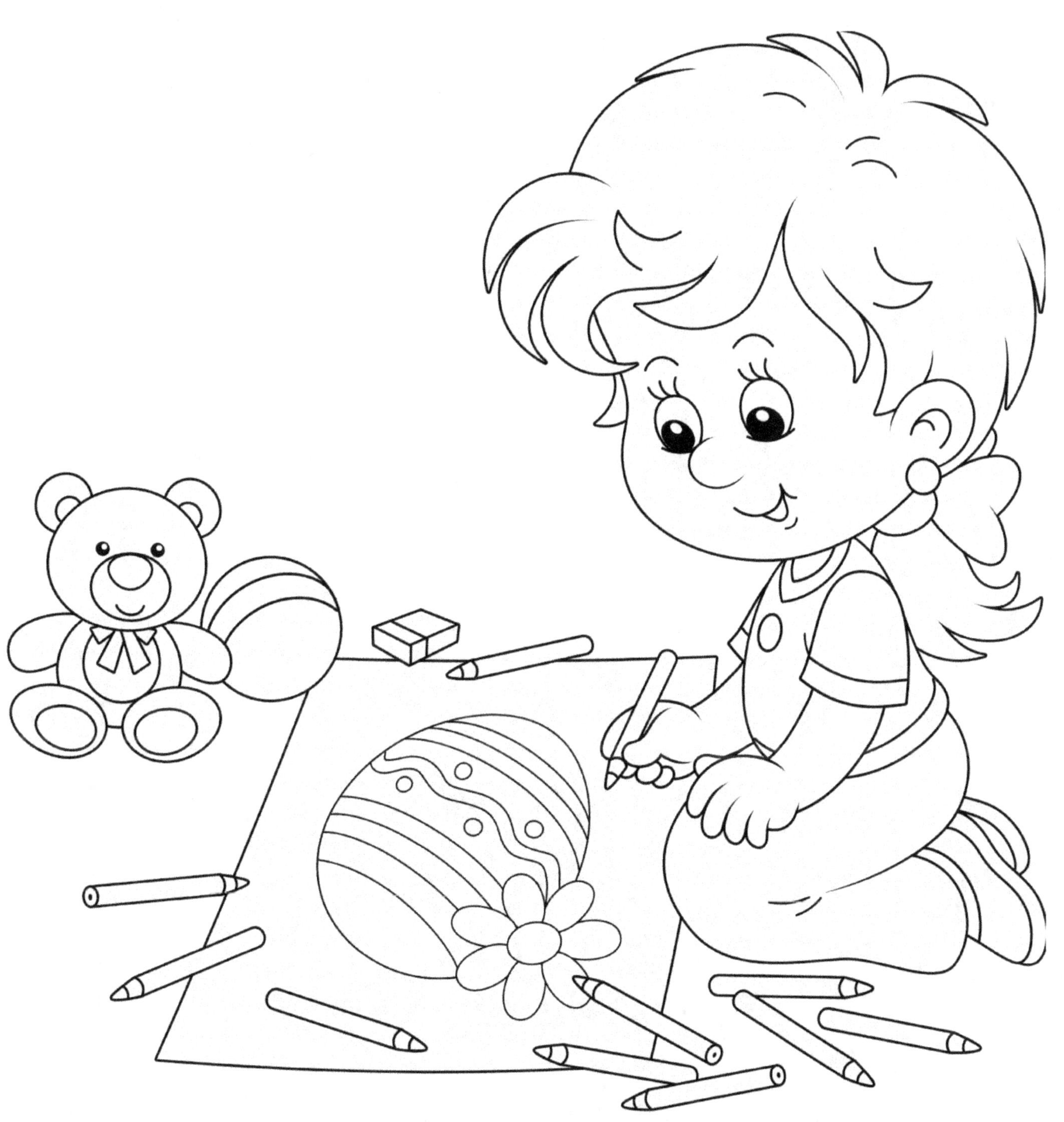

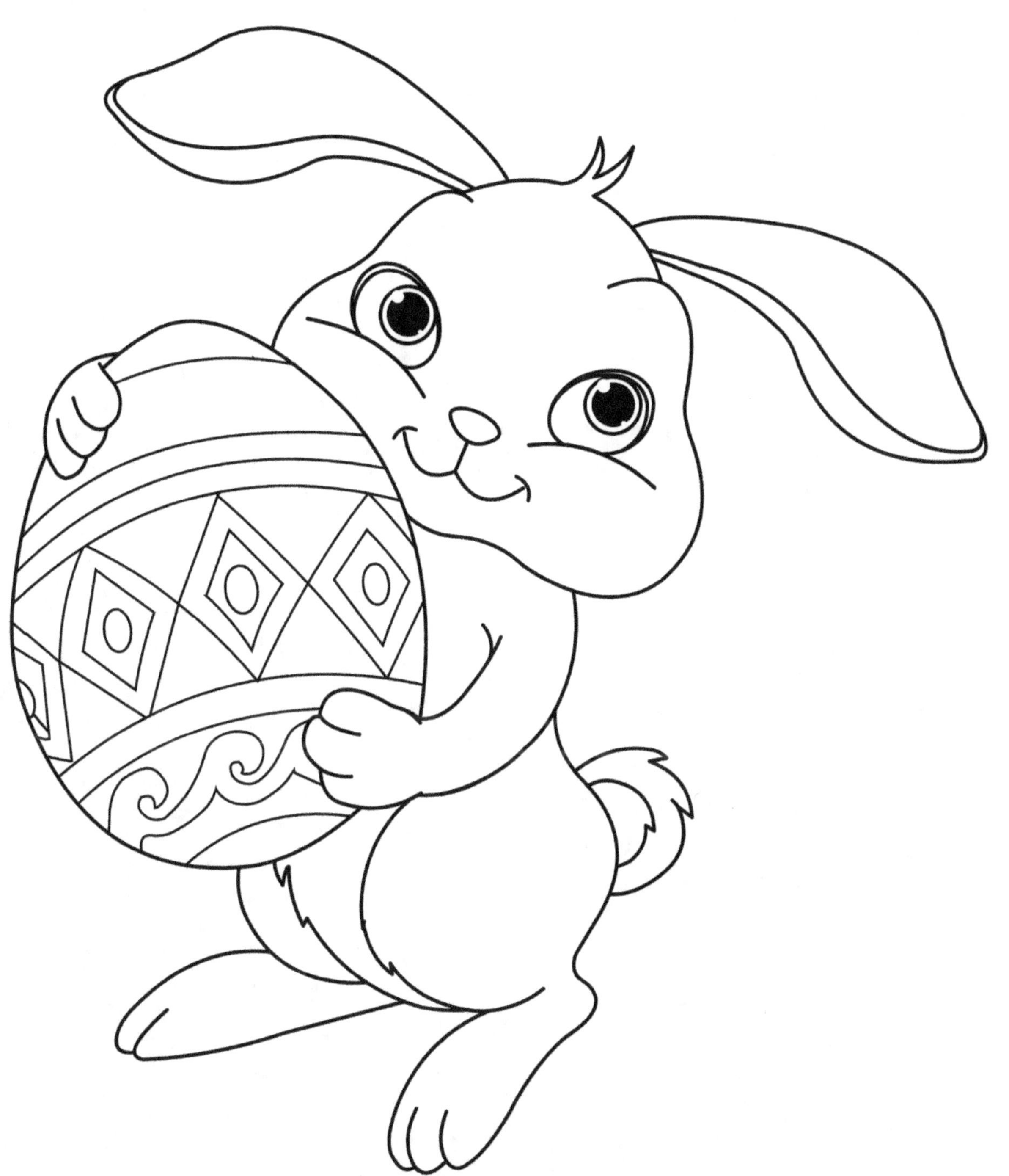

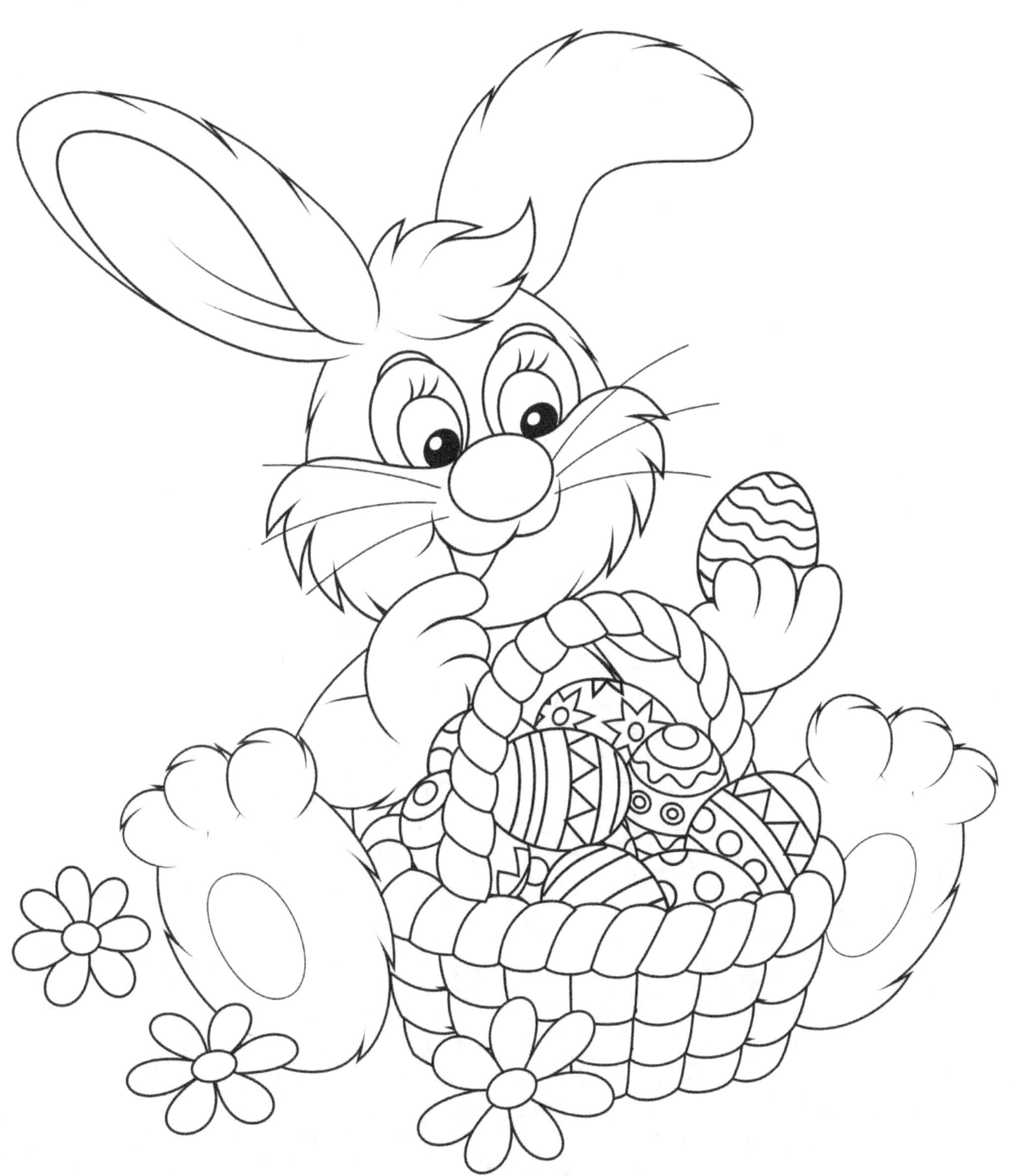

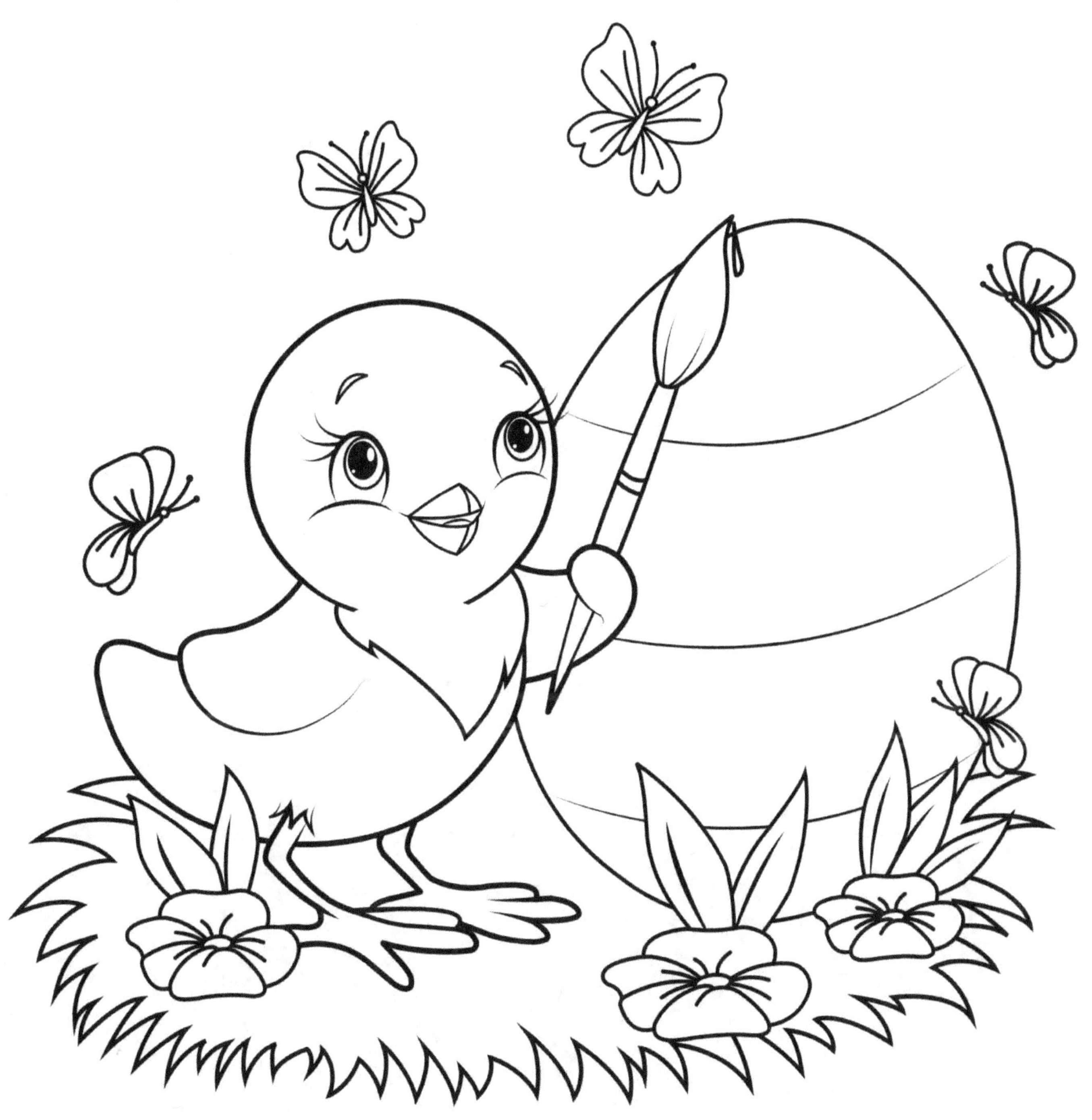

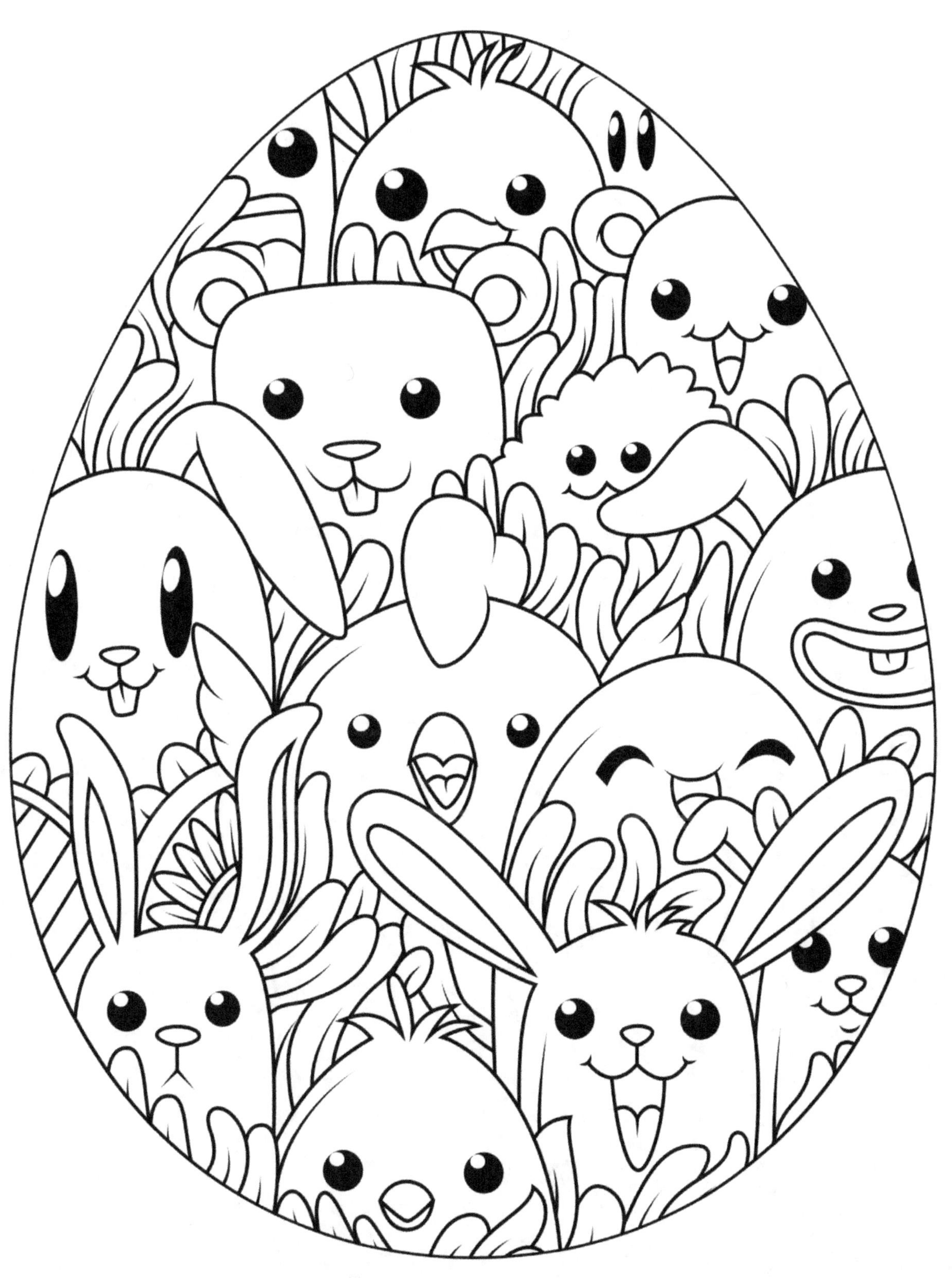

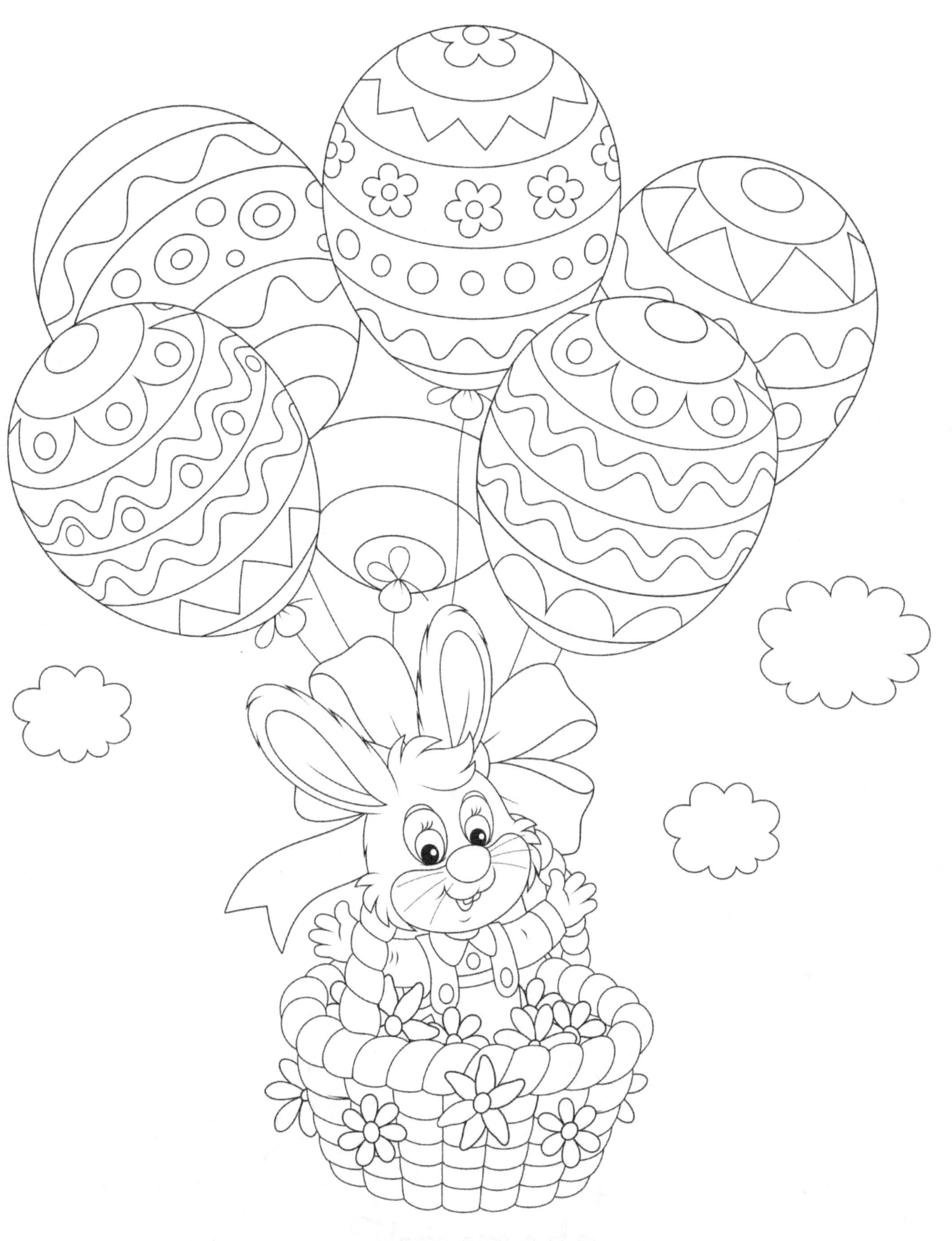

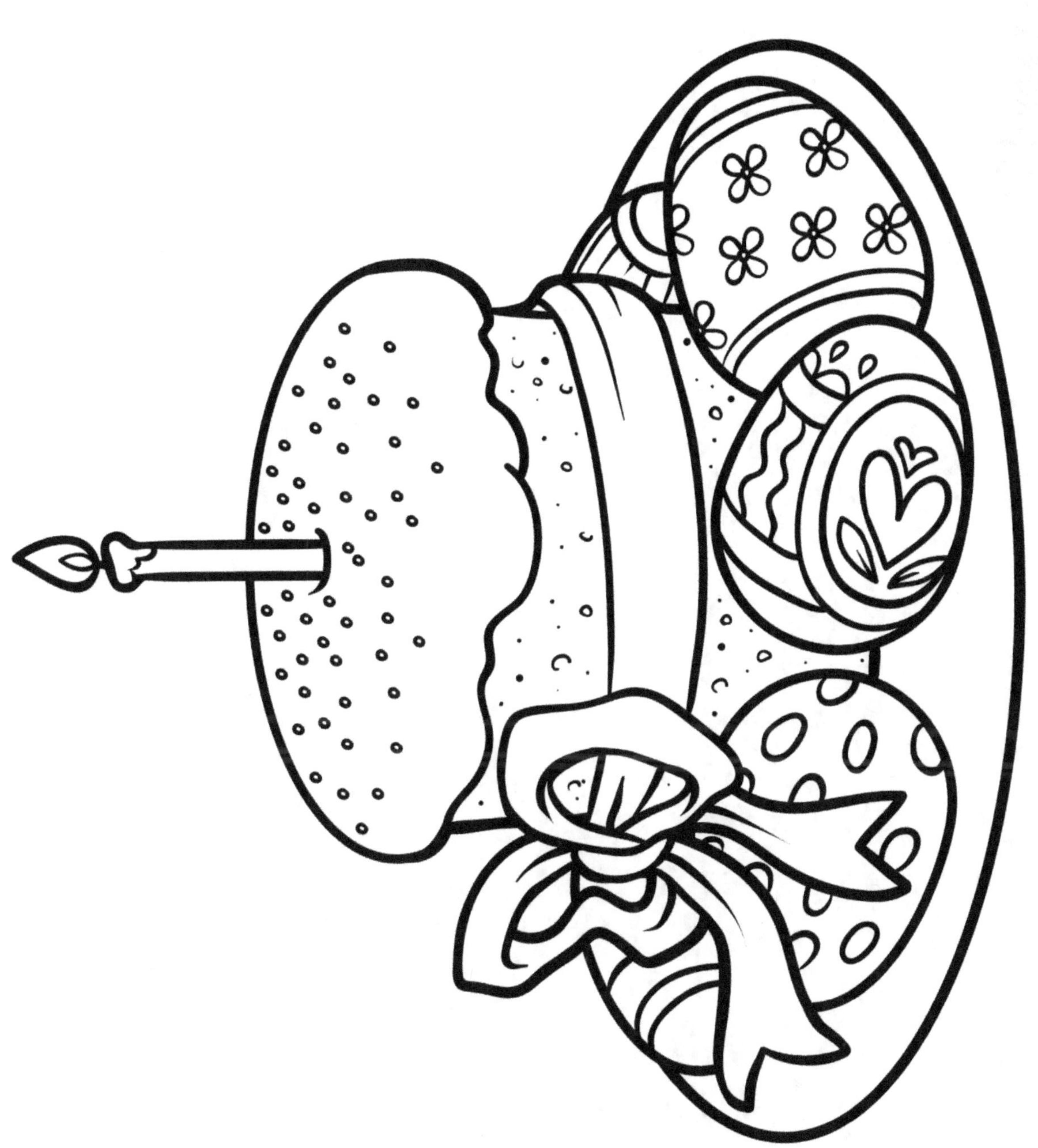

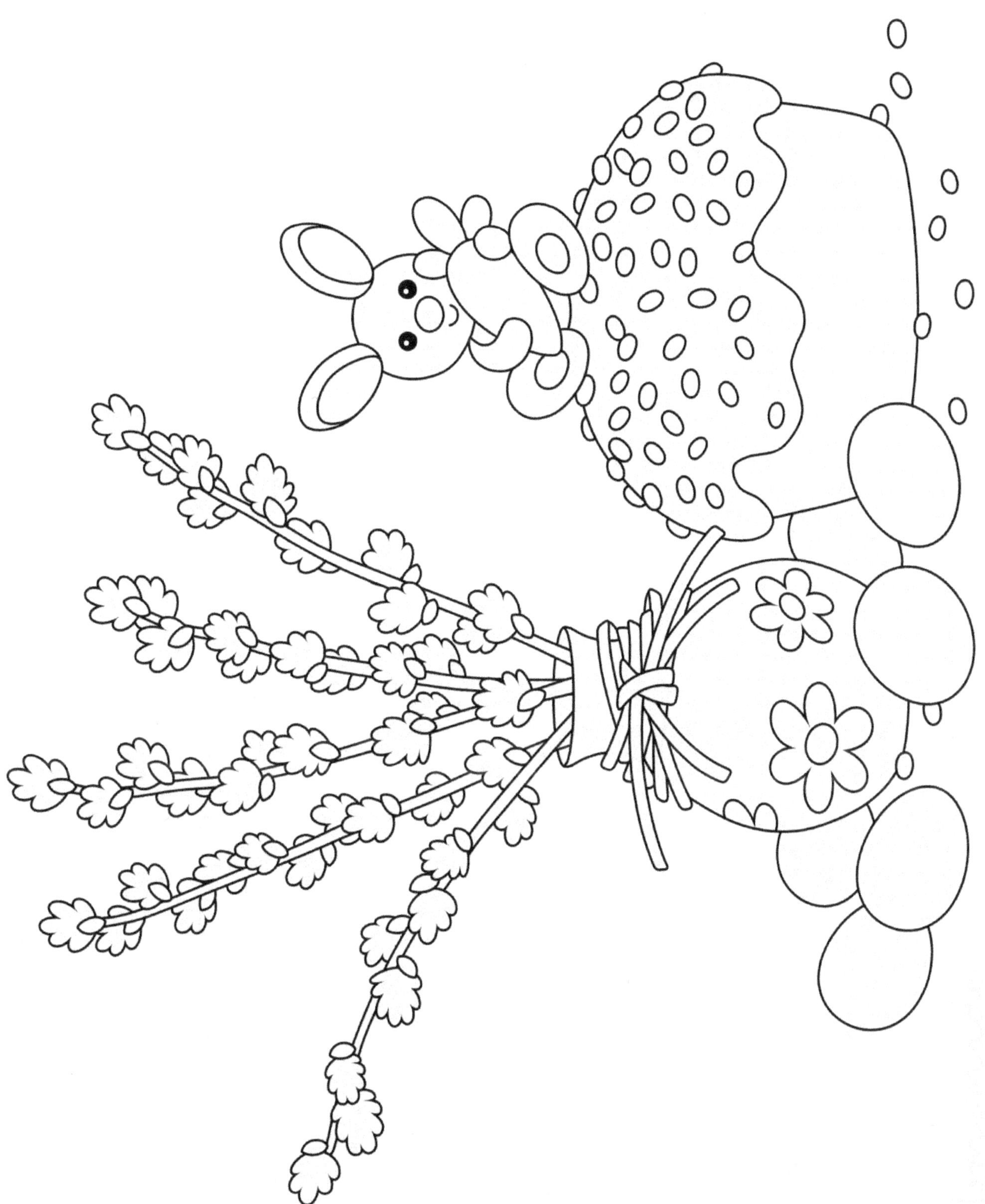

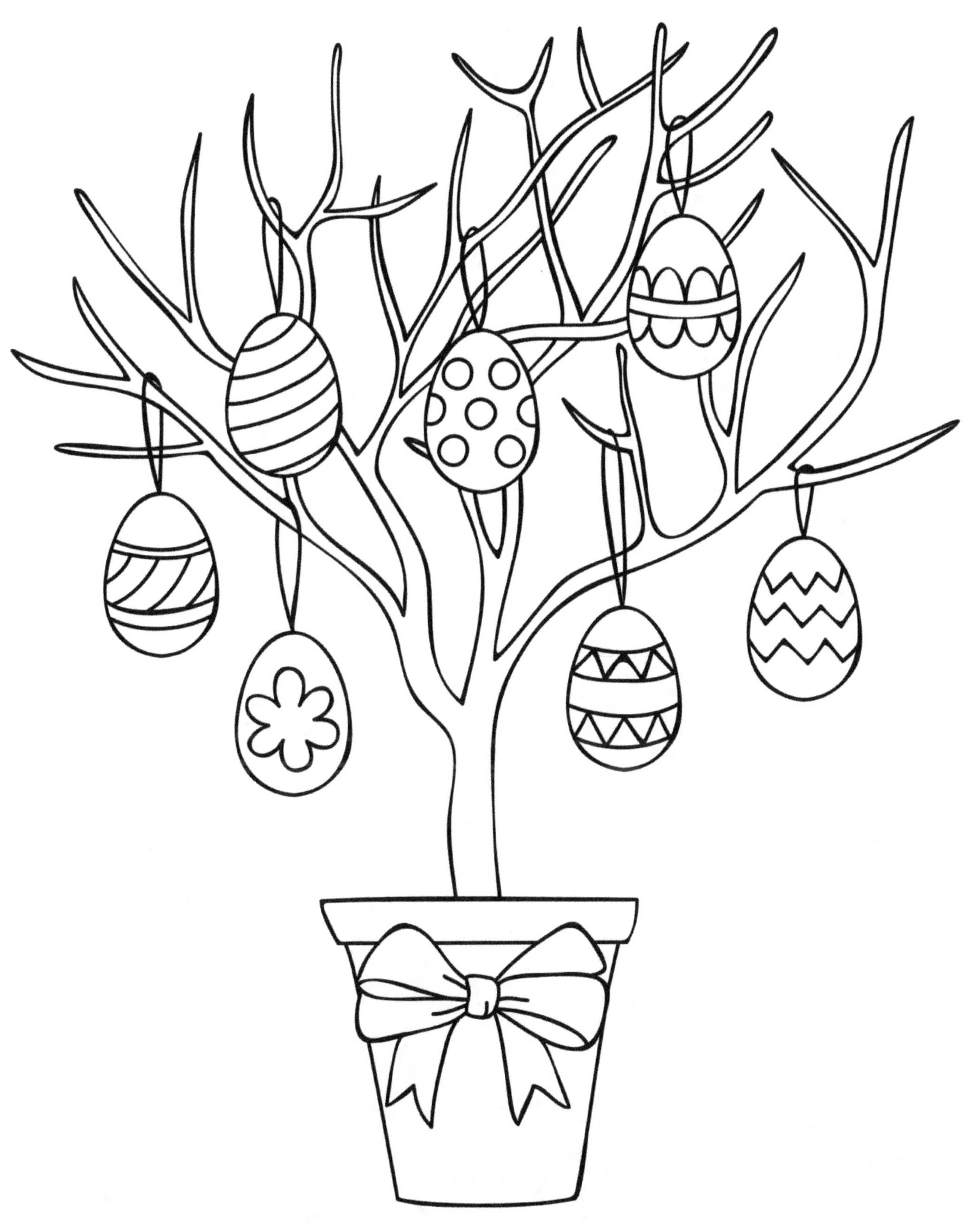

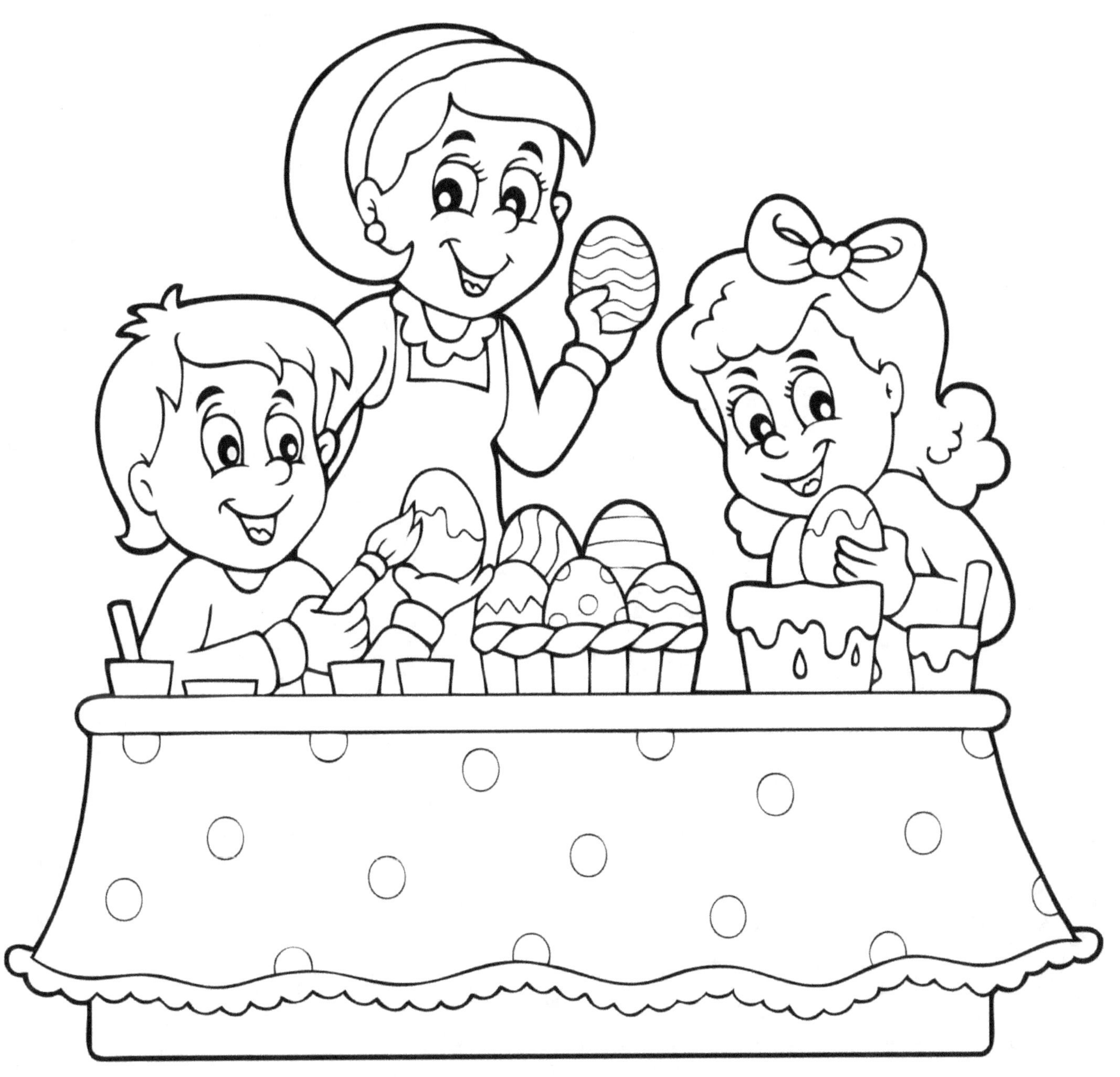

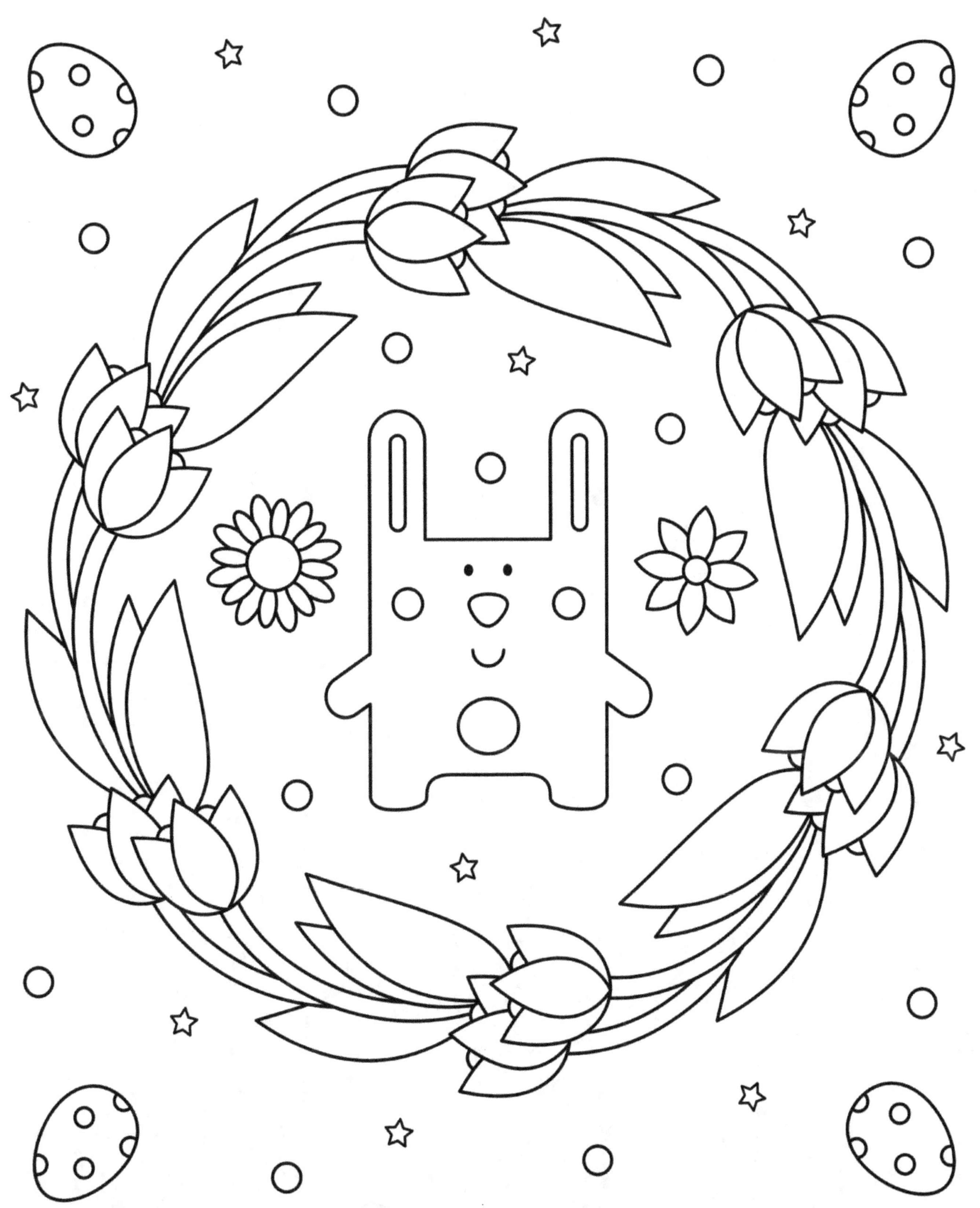

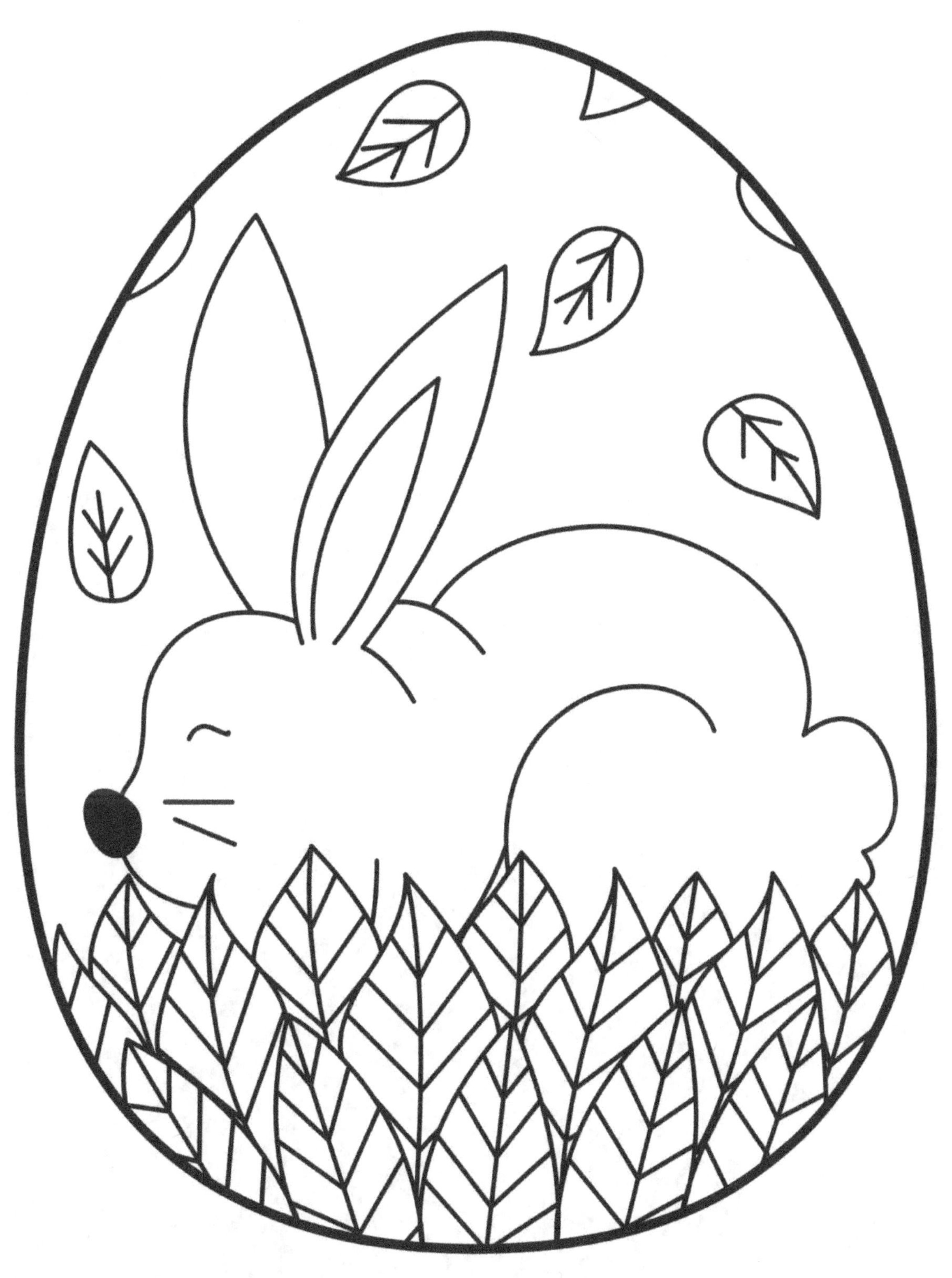

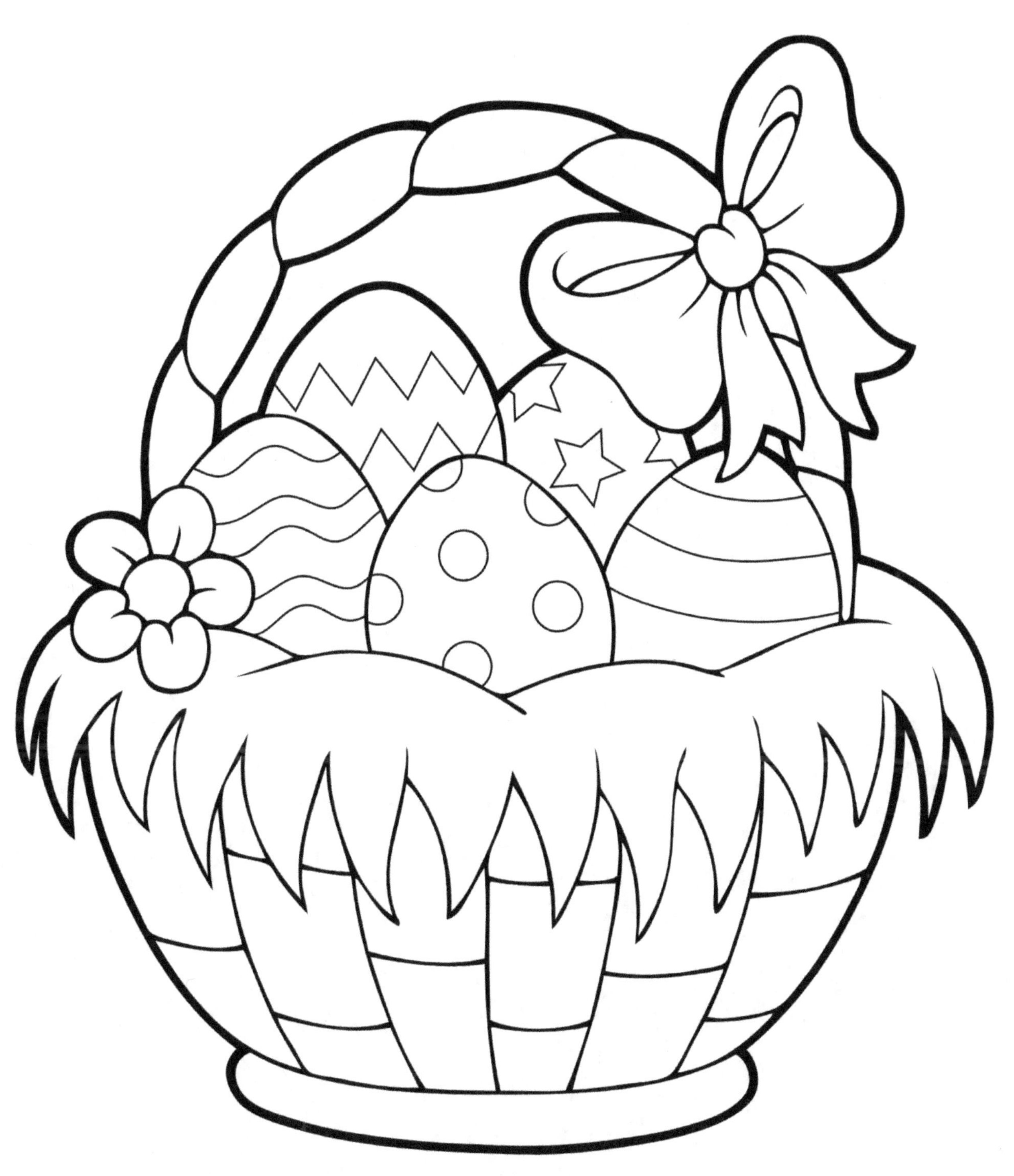

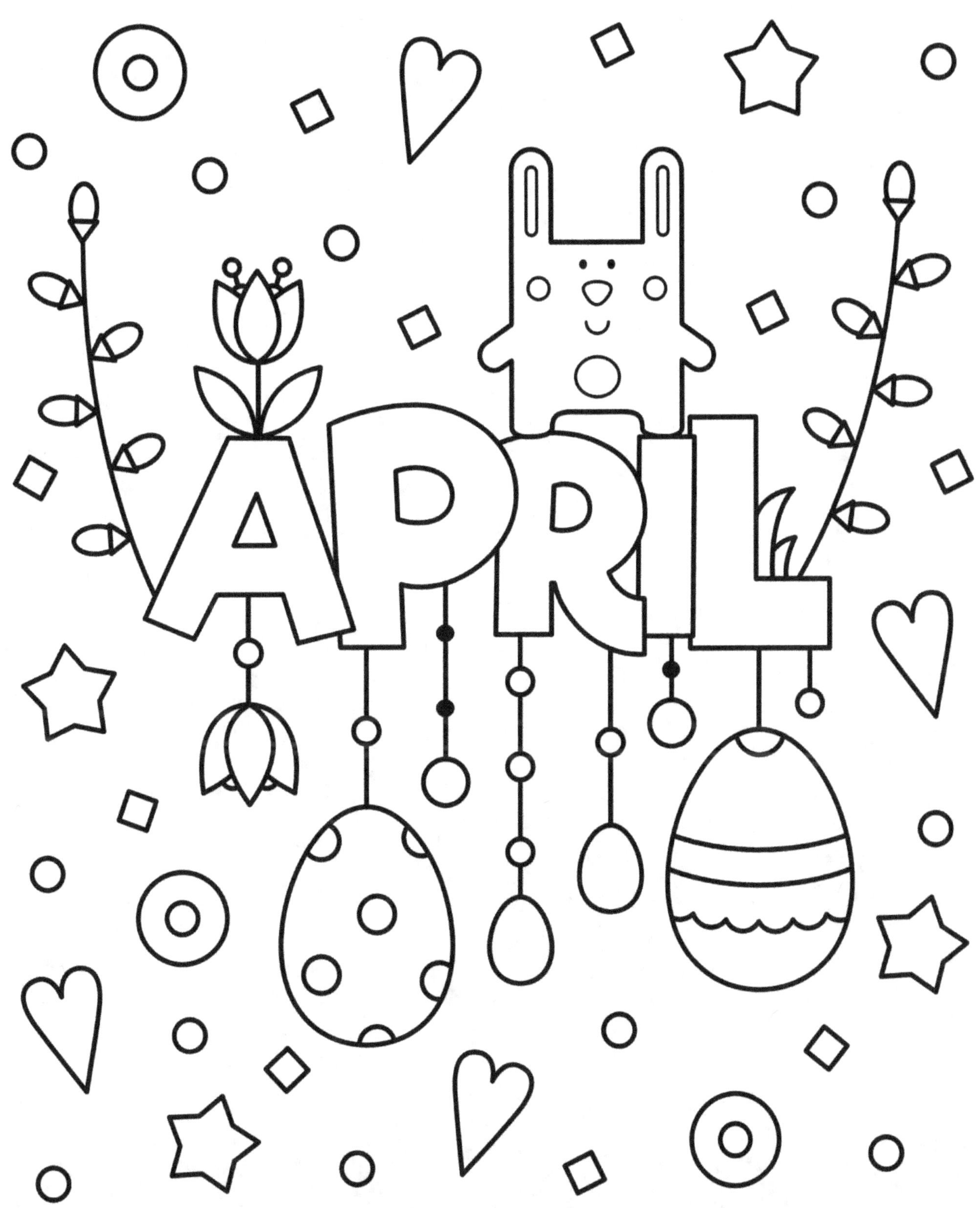
APRIL

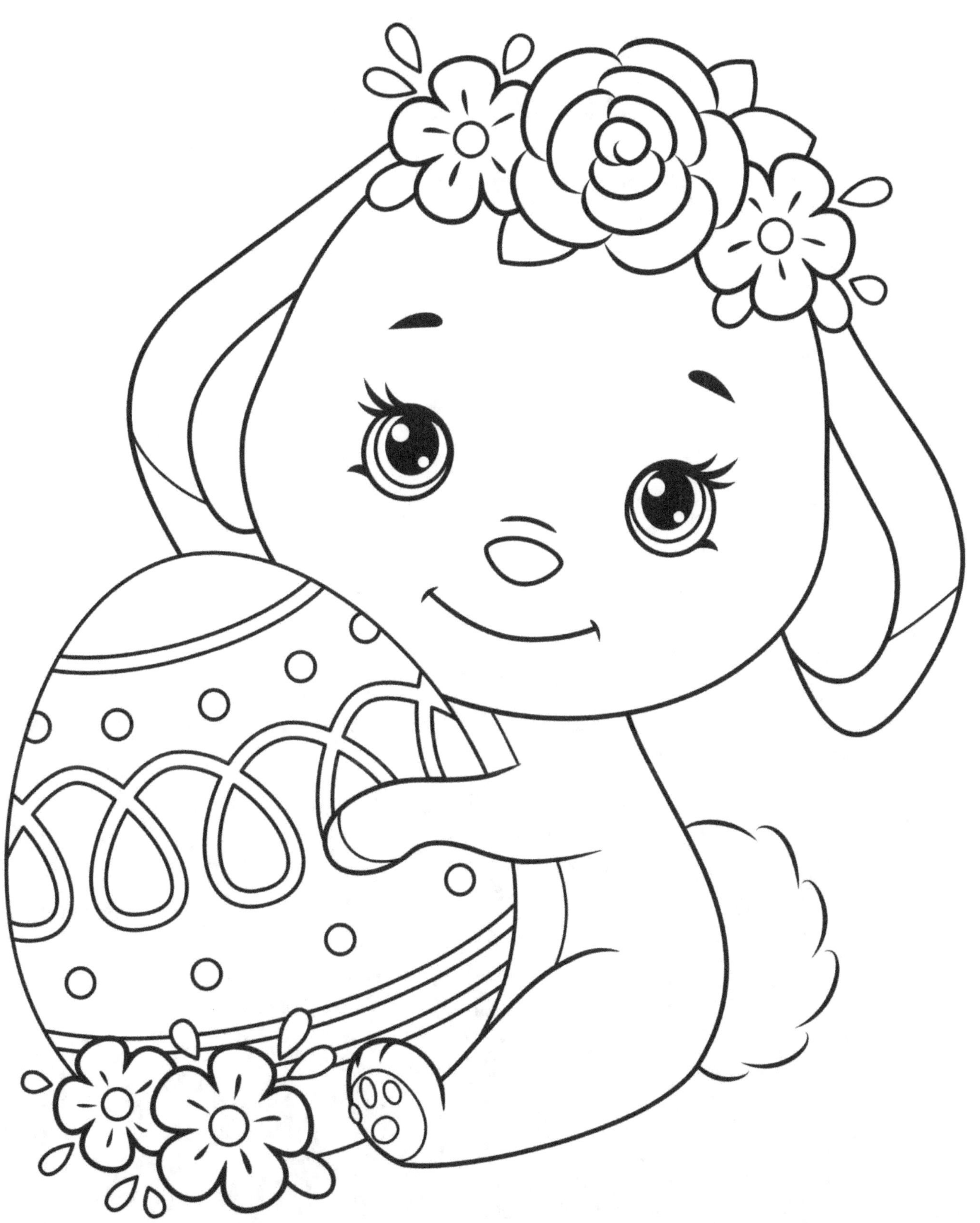

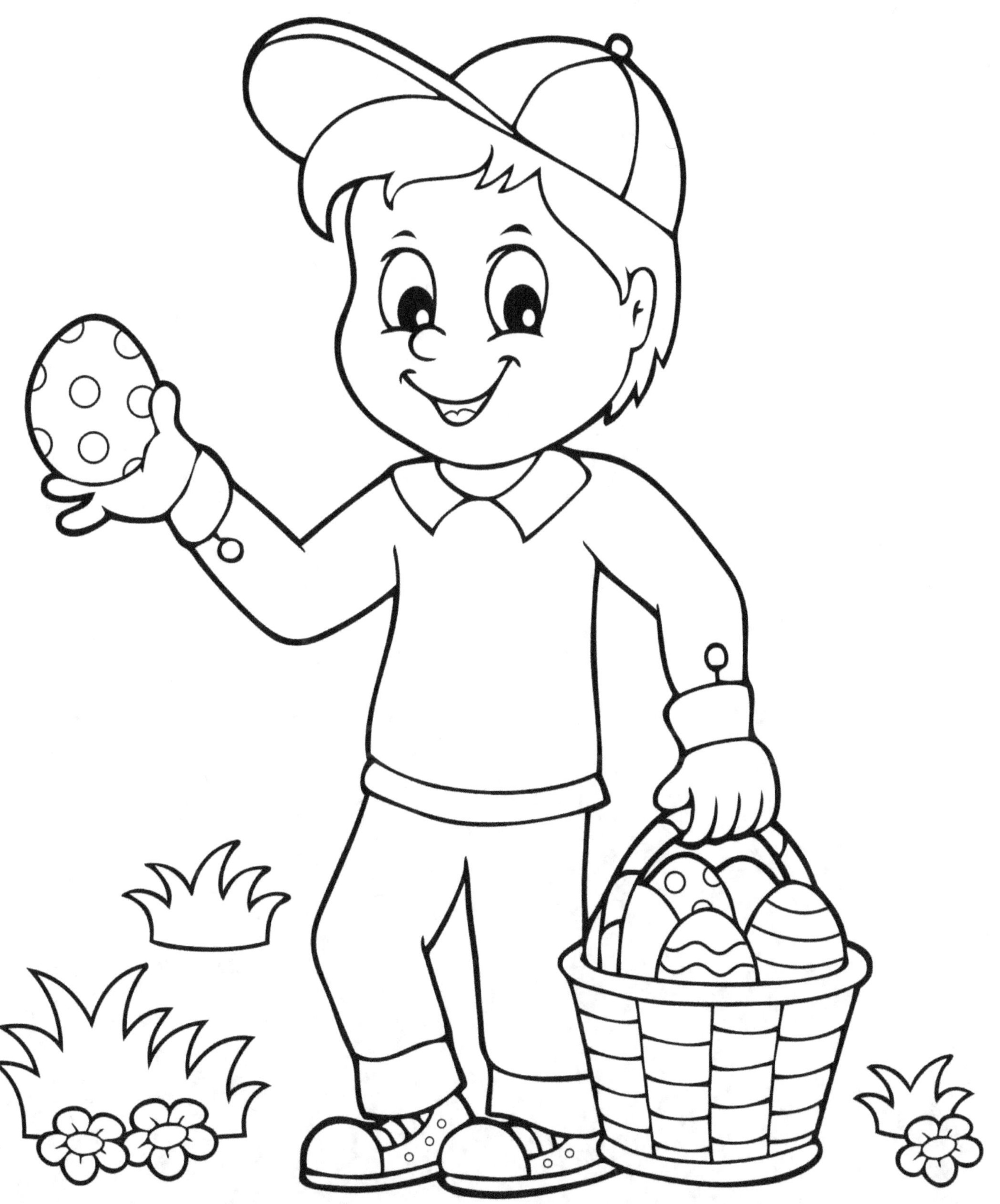

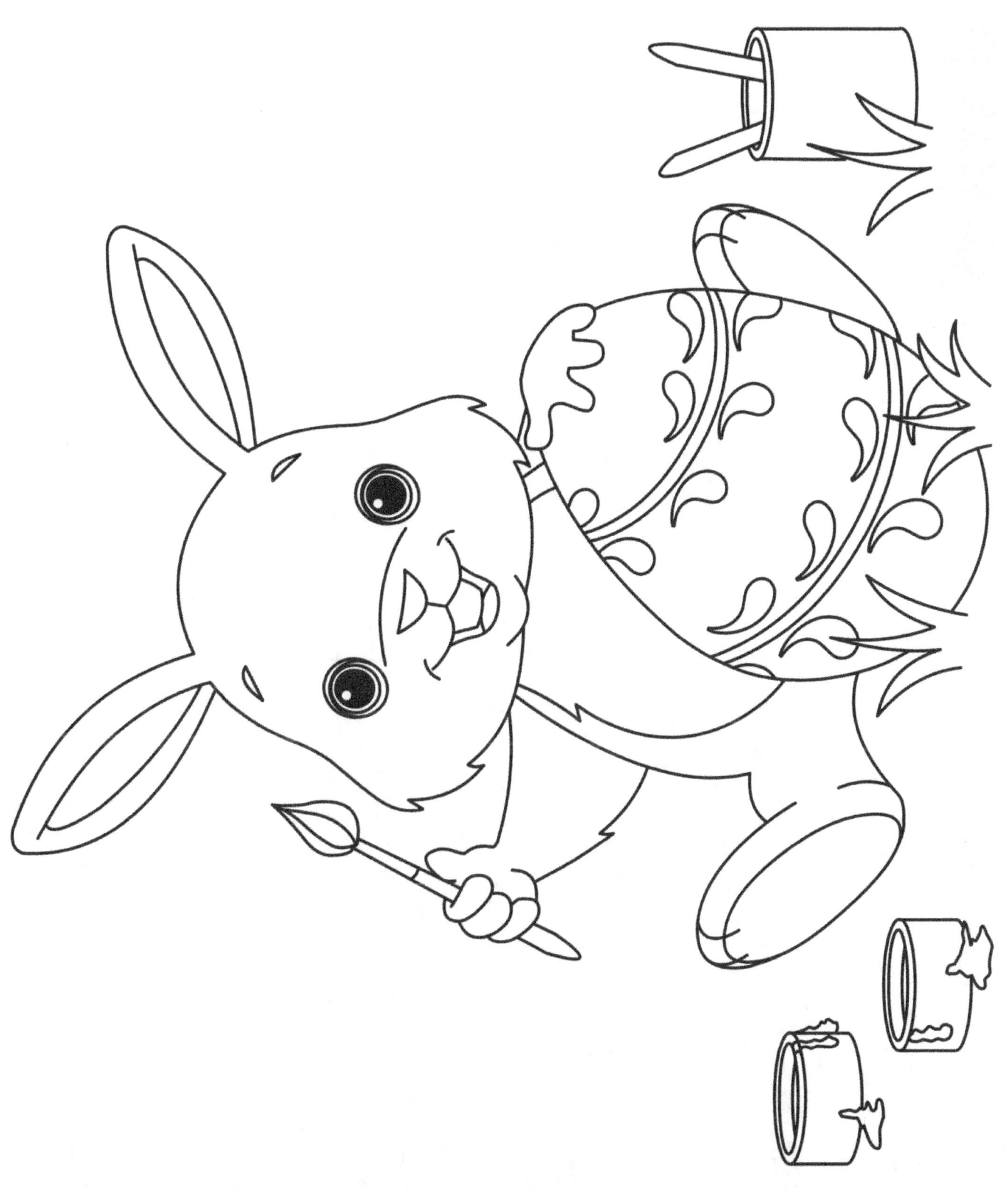

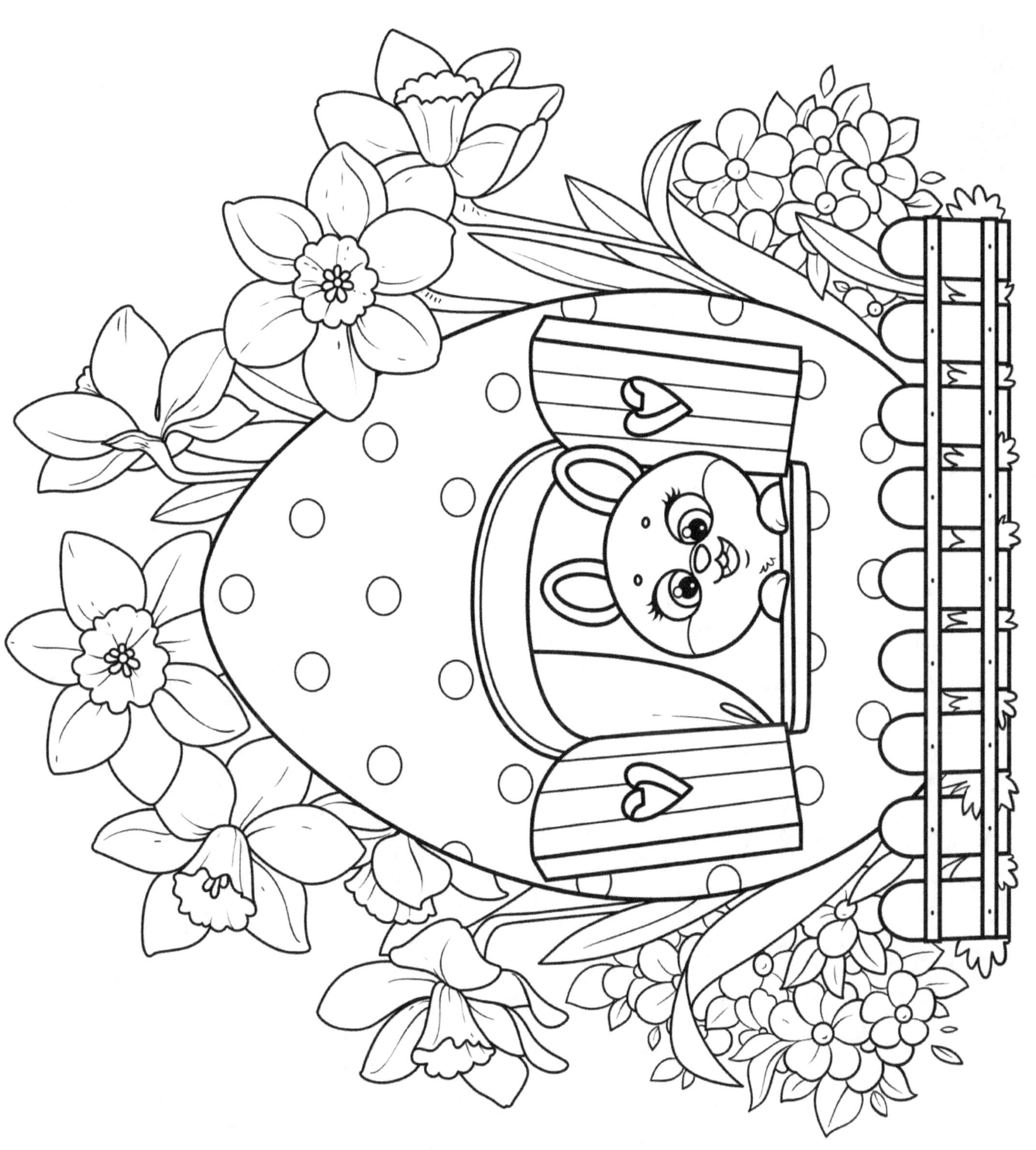

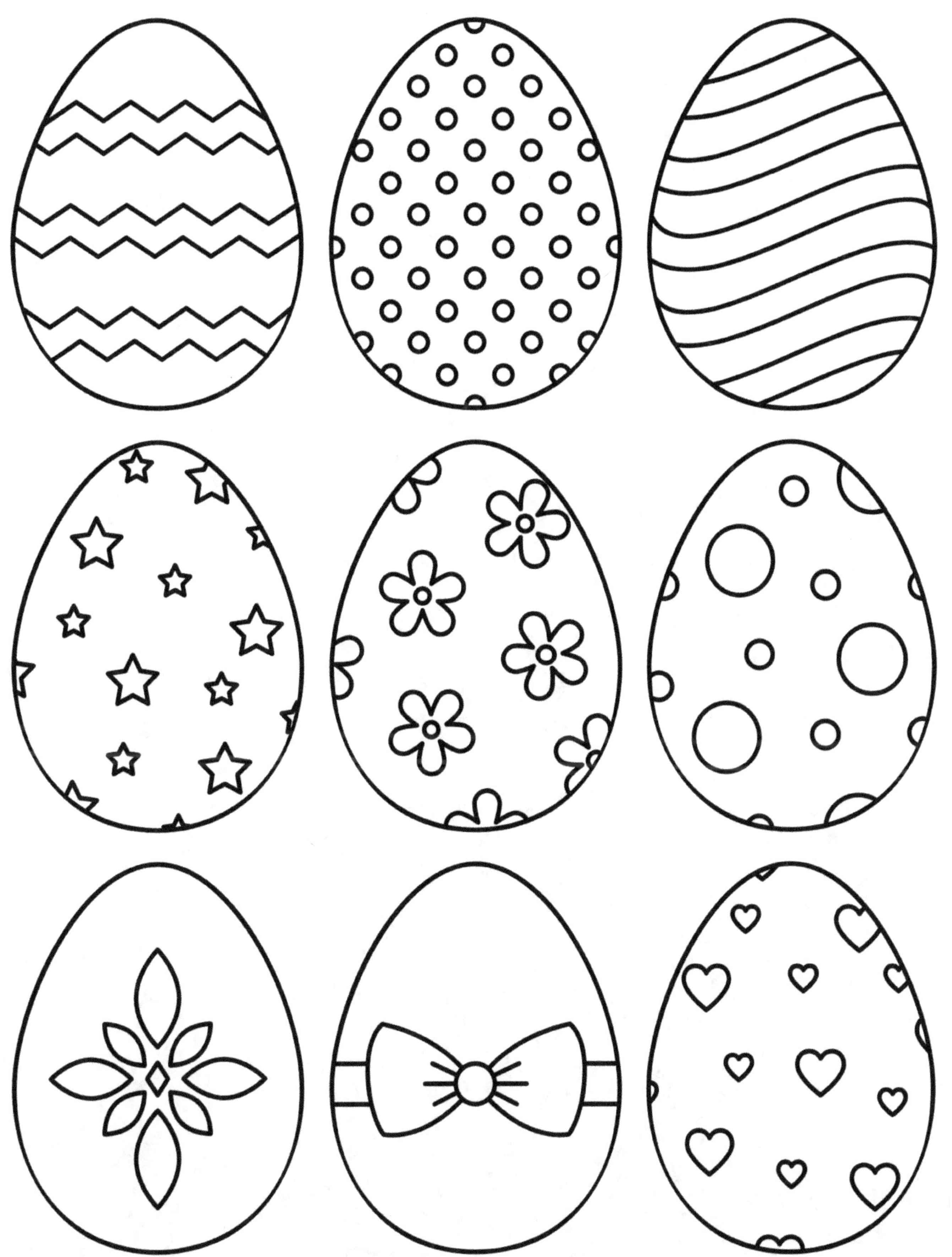

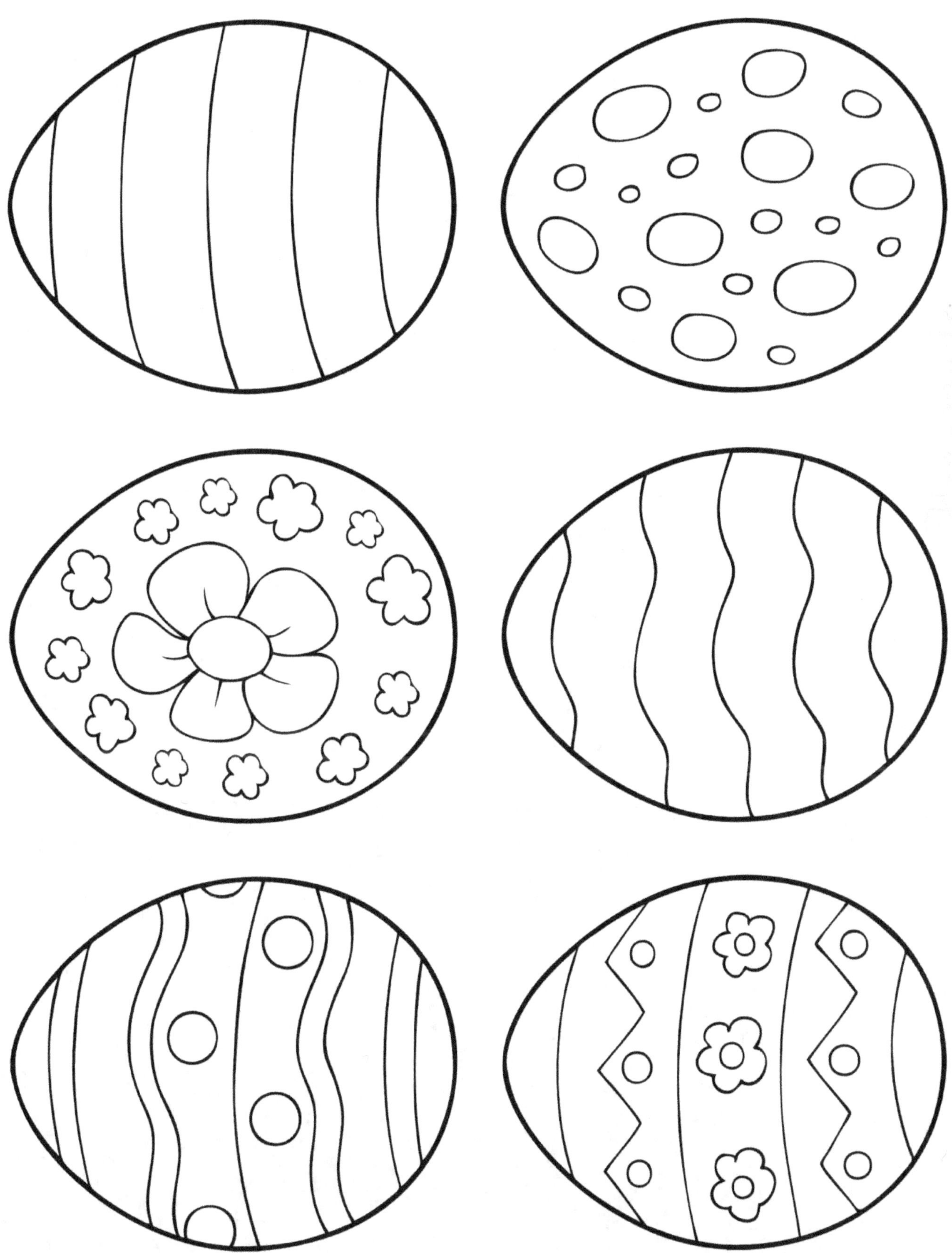

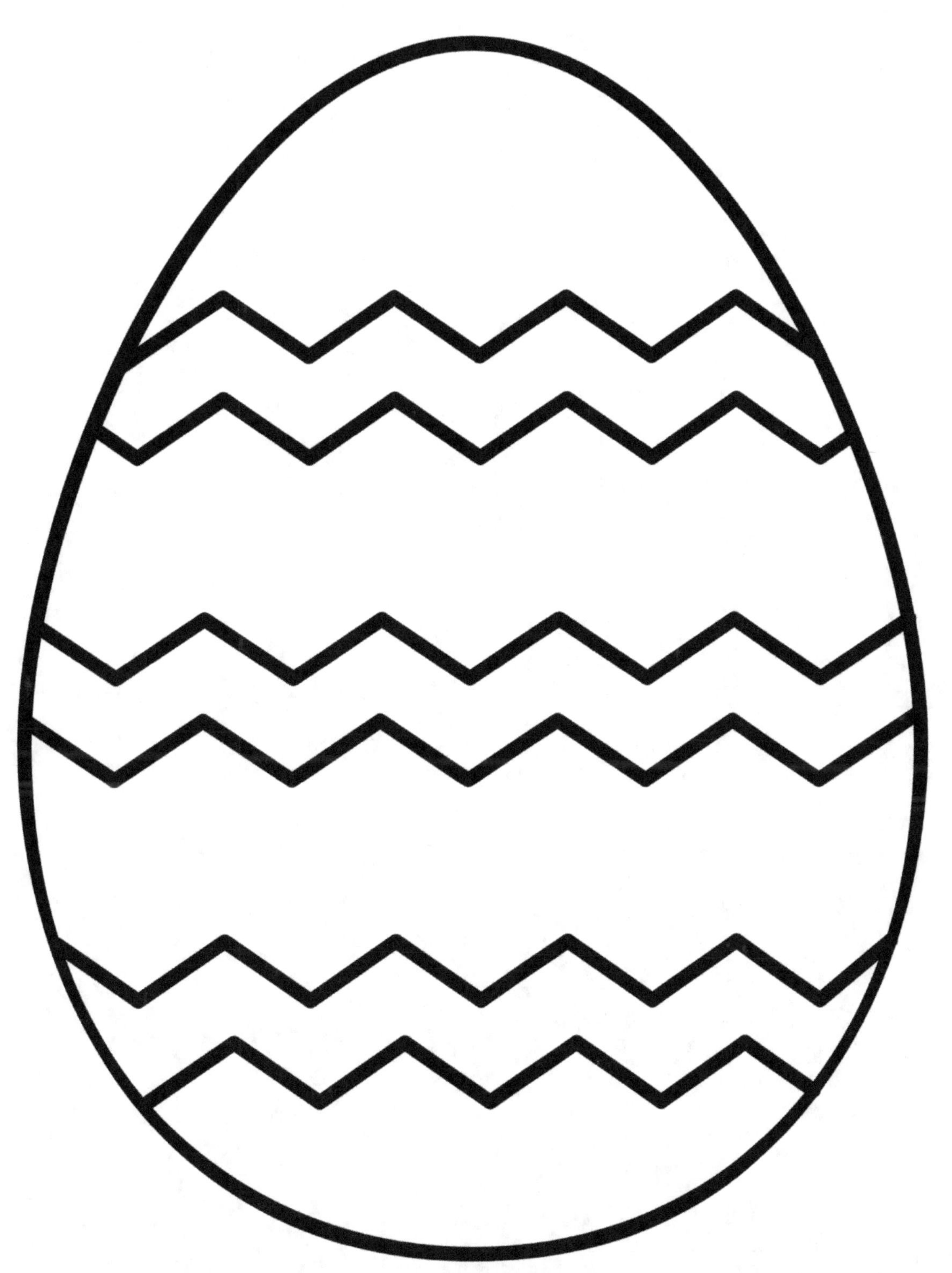

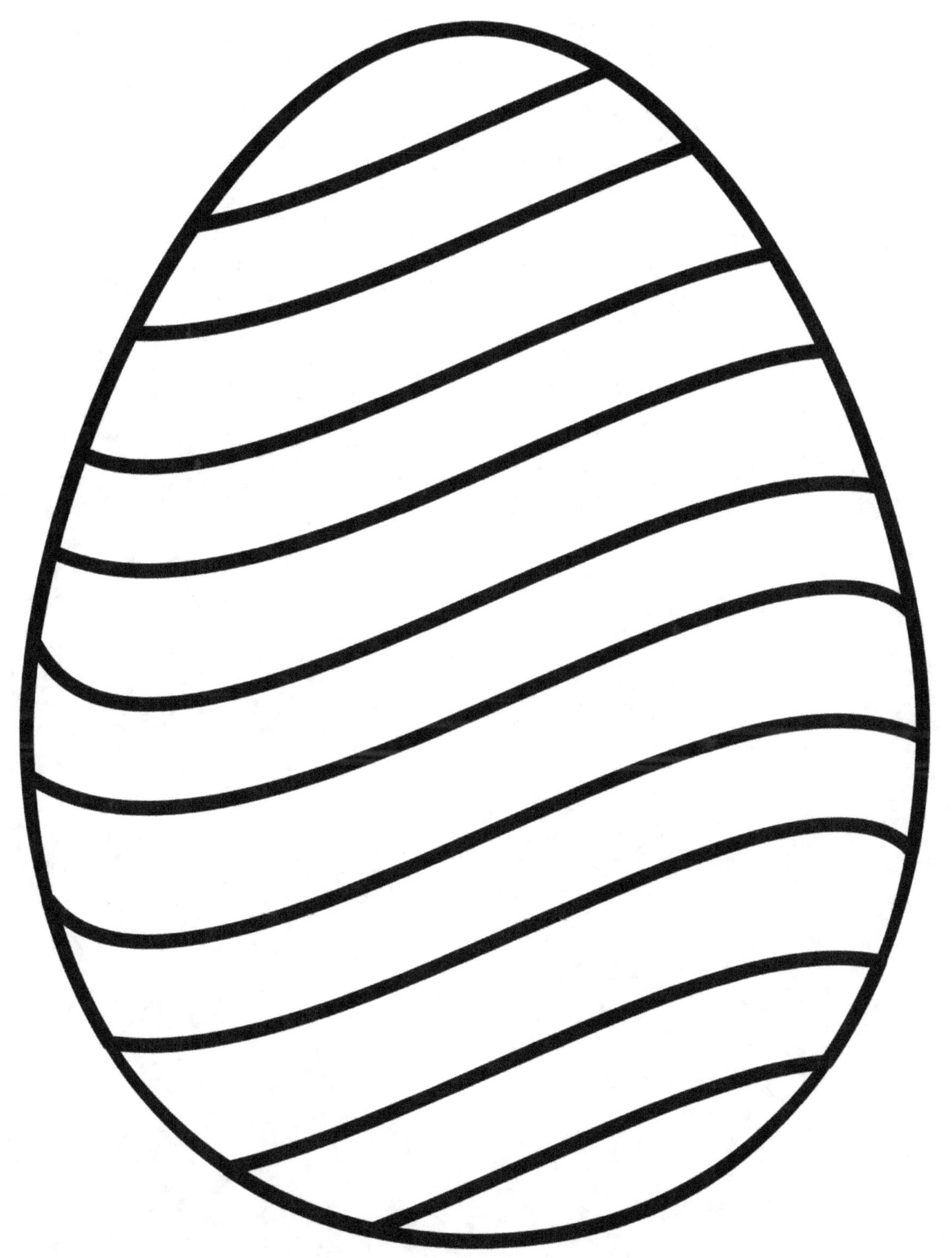

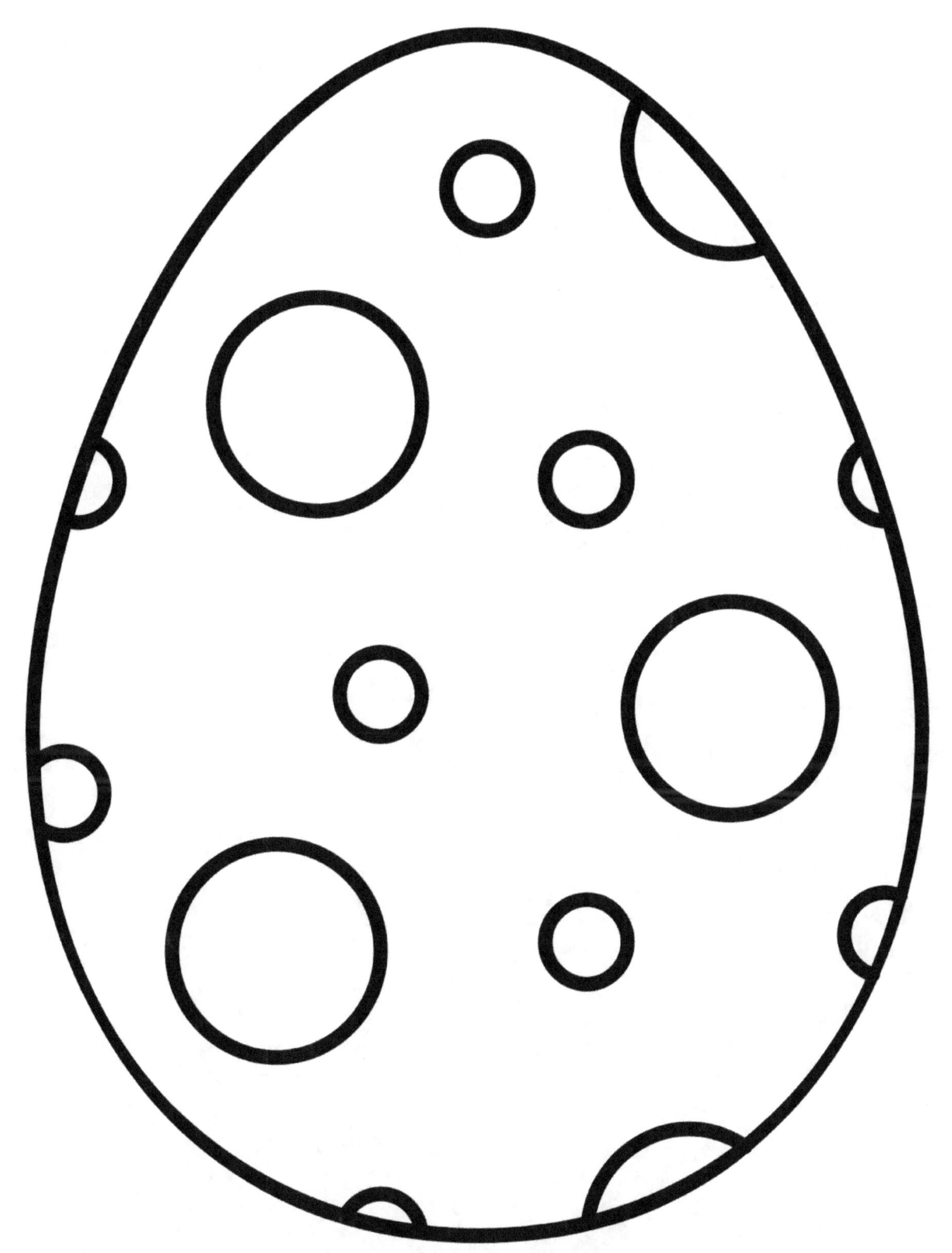

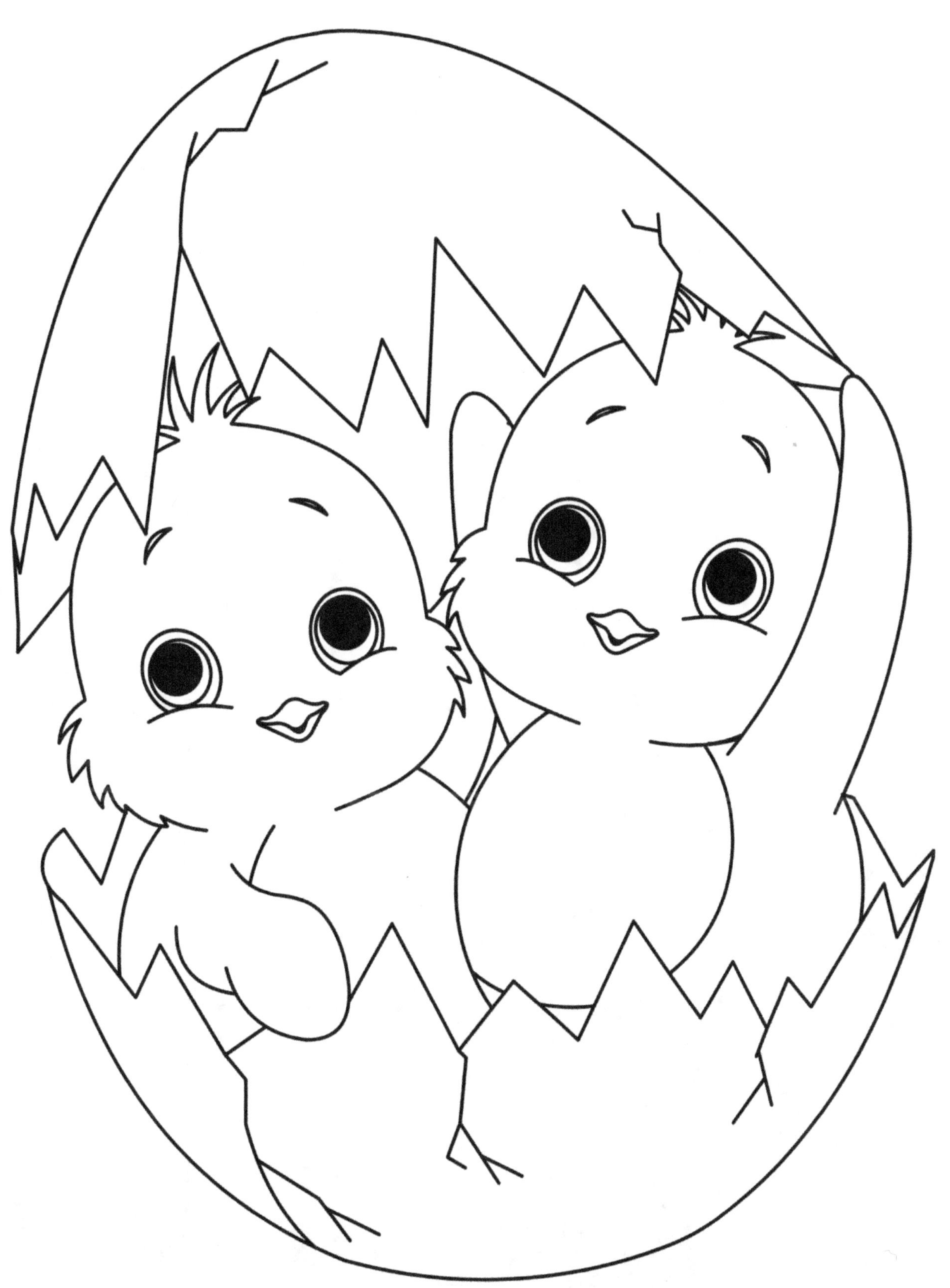

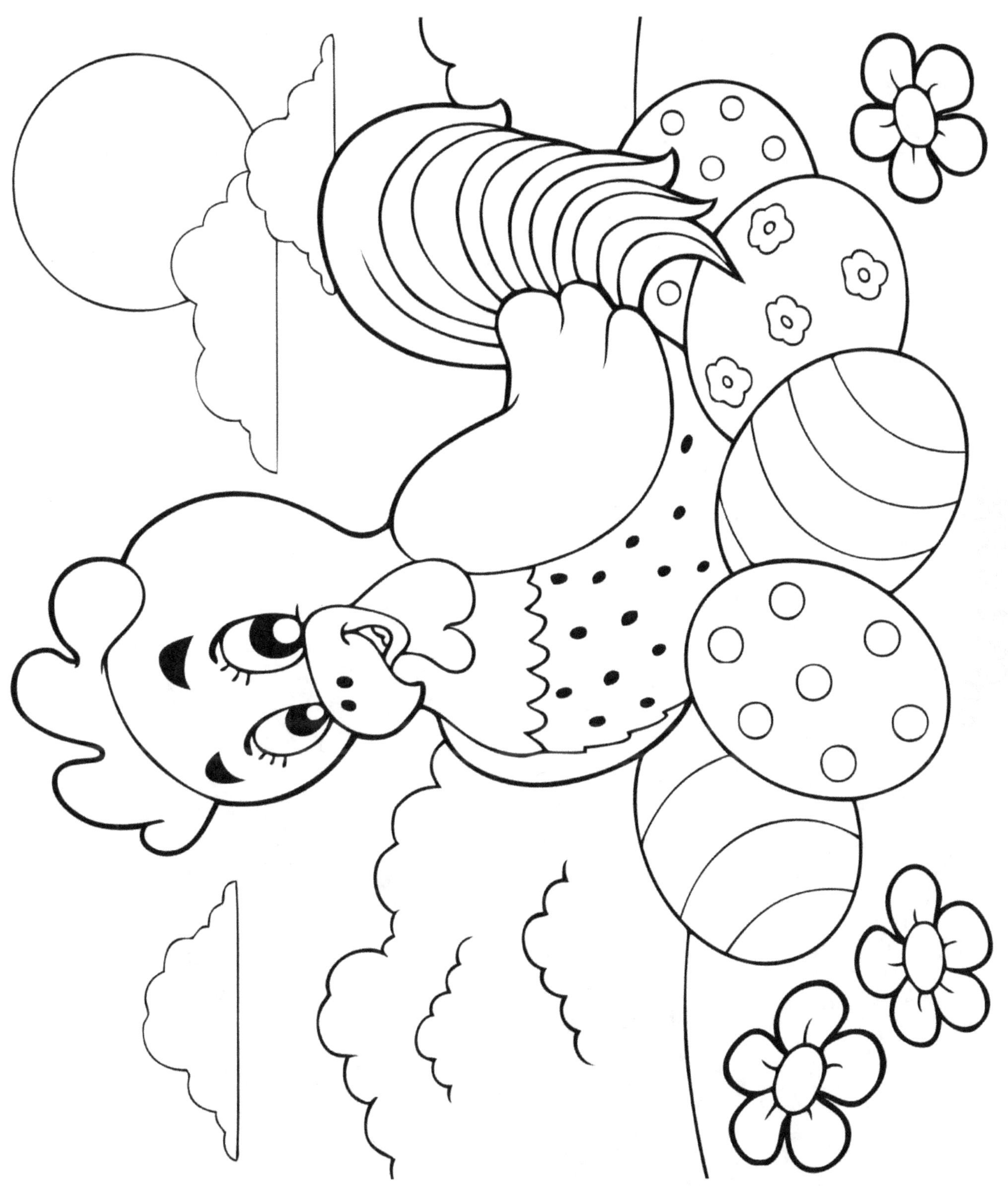

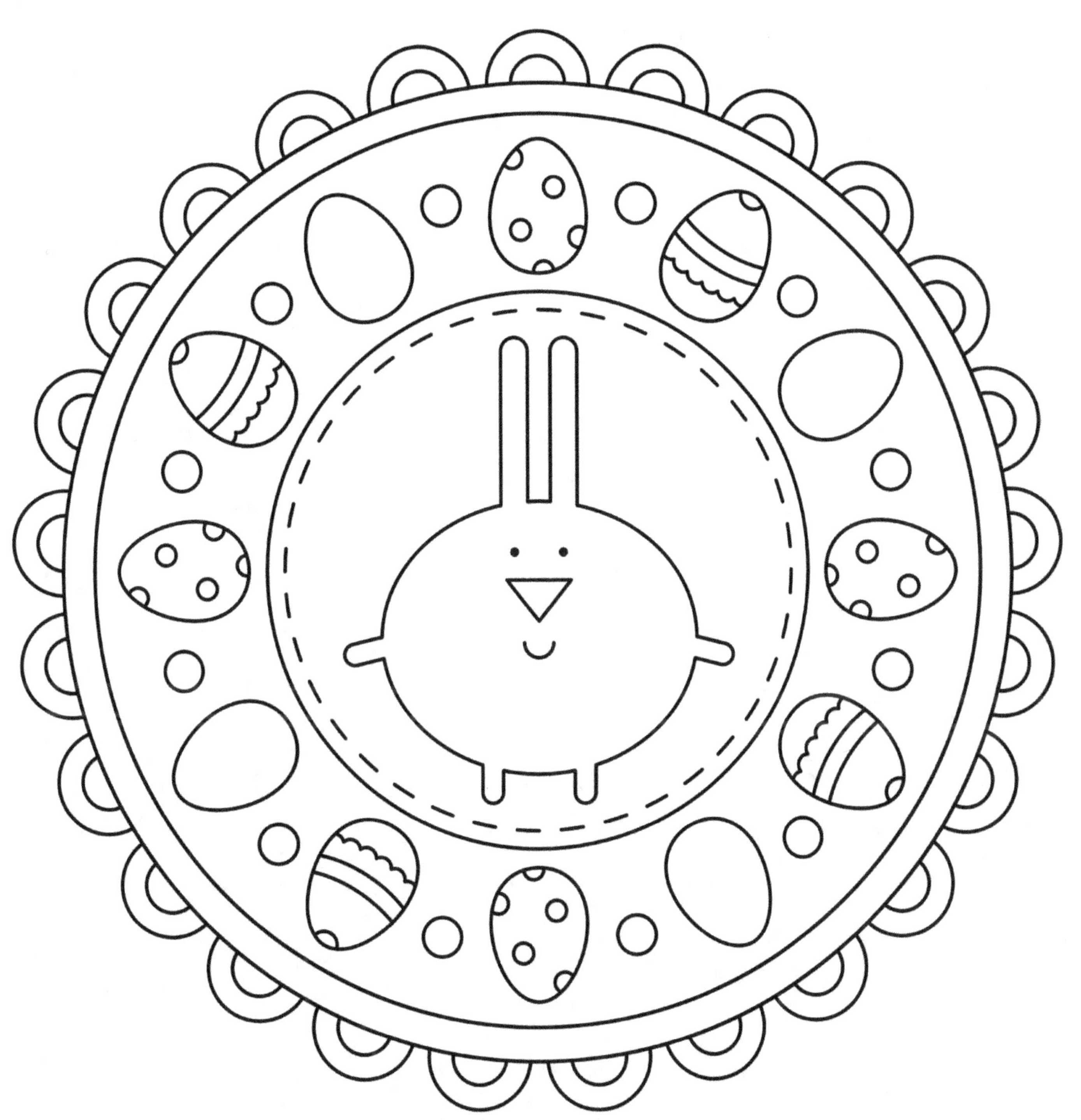